여기까지 참 잘 왔다

여기까지 참 잘 왔다

발행일	2024년 9월 27일
지은이	구영애, 권경희, 김경량, 김수하, 문인숙, 박미경, 복기령, 신혜숙, 정도영, 조희숙
펴낸이	손형국
펴낸곳	(주)북랩
편집인	선일영 편집 김은수, 배진용, 김현아, 김다빈, 김부경
디자인	이현수, 김민하, 임진형, 안유경, 최성경 제작 박기성, 구성우, 이창영, 배상진
마케팅	김회란, 박진관
출판등록	2004. 12. 1(제2012-000051호)
주소	서울특별시 금천구 가산디지털 1로 168, 우림라이온스밸리 B동 B111호, B113~115호
홈페이지	www.book.co.kr
전화번호	(02)2026-5777 팩스 (02)3159-9637
ISBN	979-11-7224-284-8 03810 (종이책) 979-11-7224-285-5 05810 (전자책)

잘못된 책은 구입한 곳에서 교환해드립니다.
이 책은 저작권법에 따라 보호받는 저작물이므로 무단 전재와 복제를 금합니다.
이 책은 (주)북랩이 보유한 리코 장비로 인쇄되었습니다.

(주)북랩 성공출판의 파트너

북랩 홈페이지와 패밀리 사이트에서 다양한 출판 솔루션을 만나 보세요!

홈페이지 book.co.kr   •   블로그 blog.naver.com/essaybook   •   출판문의 book@book.co.kr

---

작가 연락처 문의 ▶ ask.book.co.kr

작가 연락처는 개인정보이므로 북랩에서 알려드릴 수 없습니다.

남은 인생을 의미 있게 채우는
10가지 비결

여기까지 참 잘 왔다

구영애, 권경희, 김경랑, 김수하, 문인숙,
박미경, 복기령, 신혜숙, 정도영, 조희숙

북랩

들어가는 글

☆ ☆ ☆

2023년 무더운 여름 저녁, 월남 쌀국숫집에서 정원희 작가를 만났다. 언제나 활력이 넘친다. 마주 앉아 있는 나에게까지 그 기운이 전해진다. 늘 무언가를 배우고 자기 계발을 쉼 없이 한다. 하고 싶은 것이 차고 넘치는 슈퍼 우먼이다. 일상의 얘기를 하던 중 갑자기 말을 꺼낸다.

"언니들, 우리 글쓰기 공부해요."

학창 시절에도 제일 어려웠던 과목이 국어였고, 글짓기였다. 내가 이 나이에? 못한다고 했다. 글쓰기를 한다는 것, 작가가 된다는 것에 대해 한 번도 생각해 본 적 없다. 그냥 지금까지 살아온 이야기를 조금씩 쓰면 된다고 했다. 쌀국수가 어디로 들어갔는지도 모르겠다. 밥을 먹으며 내내 해야 할 이유에 관해 이야기했다. 많이 망설이다가 설득당해 반강제로 카드 내밀고 입문했다. '할 수 있을까?'라는 막연함이 어느새 '해볼까?'로 바뀌고 있었다. 용기를 냈다.

[글 쓰는 사람들]에서 첫 번째 공저팀을 모집한다고 할 때 제일 먼저 손들었다. 무슨 자신감이었는지 모르겠다. 초고는 그냥 하고 싶은 얘기를 아무 생각 없이 술술 썼다. 열 명이 한 달간 쓴 초고를 받은 정원희 작가는 뿌듯해하며 눈물을 글썽였다.
　1차 퇴고를 위해 다시 설명을 들었다. 부사, 형용사 빼고 문장은 짧게, 글은 구체적으로 말하듯이 쓰라고 한다. 글쓰기 강의와 문장 수업을 빼먹지 않고 들었다. 소리 내어 읽고 쓰고 반복했다. 우리말 맞춤법도 공부했다. '이렇게 쓰면 되는구나!' 조금씩 감이 왔다. 내 단짝 박미경 작가도 매일 집으로 찾아왔다. 스트레스받는다고 하면서도 노트북 들고 와서는 글 쓰자고 책상 앞에 앉는다. 놀기에 바빴던 우리 일상의 큰 변화다.

　3월 말에 [글 쓰는 사람들]에서 진행하는 글쓰기 캠프에 참가했다. 여행가는 기분으로 집을 나서서 경주의 계림스테이로 찾아갔다. 천 평이 넘는 마당에 지어진 한옥스테이였다. 1박 2일간의 힐링캠프가 준비되어 있었다. 온라인으로만 소통하던 예비 작가들을 만났다. 공저팀 모두가 함께했다. 벚꽃 나무 아래 준비된 큰 테이블에 앉았다. 스케치북에 한 장씩 나의 이야기를 쓰고 나를 소개하며 나누었던 첫 시간, 정도영 작가님이 만들어 온 영양 연잎밥과 반주로 함께했던 핑크빛 벚꽃주, 살아온 다양한 경험과 지혜를 재밌게 얘기해준 인생 선배, 많이 웃고 이야기했다. 글쓰기로 제2의 인생을 살고 있다는 송주하 작가의 특강도 들었다. 저녁에는 주인 부부가 준비해 준 바비큐와 불멍을 즐겼다. 이런 일상을 글로 쓰면 된다고 한다. 늘 하던 여행이었지만, 글쓰기와 함께하는 시간은 특별했다. 여유로우면서도 나에 관한 생각을 자주 하게 하는 이틀간의 캠프였다. 글쓰기를 함께 하는 이들이 모여서인지 우리의 마음과 행동이 같았다.

글쓰기는 메시지를 전하는 도구다. 초보라 글에 전하고자 하는 핵심 메시지를 만들고 쓰는 것이 힘들었다. 우리는 기본도 모르고 백지상태에서 글쓰기를 시작했다. 2월에 시작해서 5개월 동안 쓰고 고쳤다. '이거 글이야, 똥이야!' 본인 글을 읽어보고 자신에게 푸념하는 공저자도 있었다. 정원희 작가에게 전화해서 못 하겠다고 말하고 싶었다는 작가의 고백도 있었다. 부끄럽지만 정성을 다해 썼다. 새벽까지 노트북 자판을 두들겼다.

쑥스럽고 어색했다. 지금껏 한 번도 말하지 못한 속마음과 소소한 속사정까지 글에 털어놓았다. 얼굴이 붉어지기도 하고, 눈물이 울컥 쏟아지기도 했다. 초고를 쓰면서는 남편 이야기하려다가 벌컥 화가 나서 컴퓨터를 덮기도 했다. 우리들의 민얼굴을 보여준 것 같은 창피함도 있다. 여러 번의 퇴고와 짝꿍 퇴고까지 하며 완성했다. 힘들지만은 않았다. 점점 글다워지는 듯했다. 즐거웠다. 읽기 편한 글로 변했다.

나에게 보내는 편지 '여기까지 참 잘 왔다.'

첫 번째 장은 딸로서 살아온 나, 부모님의 소중한 딸로 살아온 시간을 썼다. 부모님의 사랑으로 성장한 어린 시절과 철없던 학창 시절 이야기, 부모님 생각에 사무치는 그리움으로 먹먹한 시간이었다.

두 번째 장은 아내로서 나, 누군가의 아내로 살아온 세월을 이야기했다. 초등학교 동창 동갑내기가 부부의 인연이 되어 살고 있는 친구 같은 부부, 당근 마켓에 내놓고 싶었던 남편 이야기, 늘 남의 편이었던 남편, 자랑과 험담을 하며 마음속 이야기를 털어놓았다.

세 번째 장은 엄마로서의 나, 아이들을 키우며 엄마로 살아온 이야기이다. 초보 엄마로 우왕좌왕하며 아이를 키운 엄마들, 워킹맘으로 엄마의 손길이 필요한 시기에 함께 못한 미안한 마음, 아이들 덕분에 어른으로 성장한 우리 이야기다.

마지막 장은 지금의 나를 썼다. 딸, 아내, 엄마의 역할이 아닌 나 자신에 관해 이야기했다. 오롯이 나만을 위한 시간을 계획하고 살아간다. 보디 프로필 촬영을 위해 운동하는 작가, 사진작가가 되고 싶어 열심히 카메라 셔터를 누르는 작가, 퇴직 후 하고 싶었던 일 하며 명품 같은 삶을 살고 있는 작가들의 이야기가 있다. 지금처럼 말고 지금부터 내가 주인공이 되어 살아갈 시간을 응원한다.

여기까지 잘 살아온 인생을 뒤돌아보는 시간이었다. 한 줄 한 줄 써 내려간 글들이 모여 한 권의 책이 되었다. 10명의 초보 작가의 인생 1막이 담겨 있다. 여러 역할을 해내며 잘 살아온 시간을 축하하고 싶다. 힘들었던 지난 시간을 잘 견뎌낸 사람들을 위로할 수 있었으면 좋겠다. 지금부터 인생 2막을 멋지게 살아보고 싶은 이들에게 조금이라도 희망이 되었으면 좋겠다.

동행하는 사람이 있다는 건 큰 힘이 된다. 혼자 했다면 엄두도 못 냈을 텐데 함께했기에 끝낼 수 있었다. 정원희 작가를 믿고 따라온 공저자들에게 큰 박수를 보낸다. 읽고 고치기를 반복하고 많은 시간 우리를 통솔해 준 정원희 작가에게 감사 인사를 전한다.

글 쓰는 삶을 응원합니다.

2024년 7월
신혜숙

목차

들어가는 글　　　　　　　　　　　　　　　　　　　　　　　　4

제1장
세상의 모든 딸

01　청춘 돌리기 (구영애)　　　　　　　　　　　　　　　14
02　좋은 인연 (권경희)　　　　　　　　　　　　　　　　20
03　오랜 기다림에 대한 화답 (김경량)　　　　　　　　　25
04　내 별명은 돈덩어리 (김수하)　　　　　　　　　　　30
05　나는 오늘도 부모님 기둥에 기대고 살아간다 (문인숙)　35
06　세상엔 영원한 건 없더라 (박미경)　　　　　　　　　41
07　아카시아꽃향기 (복기령)　　　　　　　　　　　　　47
08　신 진사댁 셋째 딸 (신혜숙)　　　　　　　　　　　　53
09　생각지도 않던 늦둥이 (정도영)　　　　　　　　　　58
10　장군 같았던 엄마가 그리워요 (조희숙)　　　　　　64

제2장
인생의 동반자를 만나다

01	남편 좀 사가세요. 공짜입니다 (구영애)	70
02	도배 (권경희)	75
03	부부, 서로의 응원군 (김경량)	81
04	시골을 좋아했던 마냥 철부지 (김수하)	86
05	겉은 바싹, 속은 촉촉한 경상도 남자와 살아내기 (문인숙)	92
06	함께 살아오면서 (박미경)	98
07	빛나는 눈동자와 편지 (복기령)	104
08	서울 여자, 부산 남자 (신혜숙)	110
09	전생에 진 빚 갚느라 (정도영)	116
10	그때 그 남학생, 인생의 동반자가 되다 (조희숙)	122

제3장
엄마를 선택해 줘서 고마워

01	질주하는 엄마 (구영애)	128
02	엄마를 준비하는 딸, 결혼하는 아들에게 (권경희)	134
03	기다려 주는 것은 아이에게 줄 수 있는 최고의 선물 (김경량)	139
04	내가 낳은 아이들이 맞나? (김수하)	144
05	내가 엄마가 될 줄이야 (문인숙)	150
06	엄마는 밥이다 (박미경)	156
07	딸 아들아, 엄마가 미안하고 사랑한다 (복기령)	161
08	잘 해낼 줄 알았어 (신혜숙)	167
09	둘째야, 엄마가 이제 웃는다 (정도영)	172
10	나를 어른으로 성장시켜 준 나의 천사들 (조희숙)	178

제4장
지금이 가장 아름다운 나

01	나의 내비게이션을 다시 켜자 (구영애)	184
02	내가 여행과 당신을 만나지 않았더라면 어쩔 뻔했어 (권경희)	190
03	나는 오늘도 발칙한 꿍꿍이 중 (김경량)	195
04	내가 꿈꾸던 바로 이 자리 지금 (김수하)	200
05	눈부실 나의 노년, 지금이 정말 좋다 (문인숙)	205
06	나의 삶의 주인공은 나 (박미경)	210
07	진정한 나를 찾아 떠나는 여행 (복기령)	215
08	홀로서기 중입니다 (신혜숙)	221
09	명품이 필요 없어, 내 삶이 명품이야 (정도영)	226
10	봉사하는 삶을 꿈꾼다 (조희숙)	232

마치는 글   237

제1장

세상의
모든 딸

01

청춘 돌리기

구영애

흑백의 부모님 결혼사진을 봤다. '우리 엄마 결혼 전에 이렇게 예뻤구나!' 작은 보조개와 하얀 피부, 통통한 볼살이 고왔다. 그 시절 최고의 여배우 엄앵란을 닮았다. 아버지는 180센티미터가 넘는 큰 키에 신성일 뺨칠 정도로 잘생겼다. 농협 마트에서 지나가던 아주머니가 나를 보고 "아버지는 잘생겼는데 딸이 아버지를 안 닮았네." 하며 지나갔다. 당황스러웠다.

부모님은 농사를 지으셨다. 어렸을 때 엄마 얼굴은 아침 먹을 때만 볼 수 있었다. 매일 새벽 부엌에서 '달그락달그락' 엄마 밥하는 소리로 잠이 깼다. 엄마는 다섯 아이 아침 챙겨 먹이느라 정신이 없다. 오후에는 농사일 하느라 해질 때까지 아버지와 밭에 있었다. 세상 모든 엄마는 새벽 일찍 일어나는 줄 알았다. 나는 남편과 아들의 아침밥 제대로 챙겨준 게 언제였나 싶다. 내가 초등학교, 중학교 때 수업을 마치고 집에 가면 할머니가 엄마 대신 맞아주었다. '나도 다른 아이들처럼 엄마가 집에 있었으면 좋겠다.' 엄마가 집에 있는 친구들이 부러웠다. 할머니는 여든이 넘도록 집안의 대소사를 직접 결정할 정도로 건강했다. 지적 장애가 있는 막내 삼촌까지 엄마의 몫으로 남겨 주고 돌아가셨다. 엄마는 깐깐한 시어머니를 모시며 50년 속앓이하며 살았다.

다른 형제들은 부모님 있는 대구에서 살았다. 나만 포항에서 결혼생활을 시작하게 되었다. 혼자 멀리 떨어져 지내는 셋째 딸을 아버지는 늘 걱정하셨다. 아버지는 아이를 낳고 몸조리 중인 나에게 말했다.

"무릎 꿇고 걸레질하지 마라. 엄마처럼 무릎 아프면 안 된다."

엄마는 다섯 아이 낳고 농사일 하느라 몸조리를 제대로 못 했다. 두 무릎 연골이 다 닳았다. 청소며 설거지는 앉아서 다리를 질질 끌고 다니며 했다. 병원이 무섭다고 수술을 안 하고 버텼다. 통증이 너무 심해 일상생활이 힘들어졌다. 수술을 더 이상 미룰 수 없었다. 엄마는 수술실에서 망치 소리와 톱으로 뼈 자르는 소리가 생생하게 들렸다고 했다. 한쪽을 먼저 하고 망설이다 나머지 한쪽도 수술했다. 병원에서 시키는 대로 운동도 열심히 했다. 무릎이 안 아프니 살만하다 했다.

결혼 전, 딸부자 아버지는 딸들 단속이 심했다. 매일 밤 10시면 대문을 걸어 잠갔다. 친구들은 나이트클럽도 가고 맥주도 마시고 노래방까지 갔다. 나도 가고 싶었다. 하지만 내가 그렇게 하면 엄마가 얼마나 힘들지 뻔했다. 엄마는 딸들이 밤 10시를 넘기고 늦는 날이면 아버지 몰래 대문을 열어 놓았다. 조마조마하게 딸들 기다리는 날이 많았다.

스무 살 한창 멋 부리고 싶었던 나이였다. 찢어진 청바지를 아버지 몰래 입고 나왔다. 찢어진 청바지를 허벅지 쪽으로 내가 더 찢었다. 아버지랑 마당에서 눈이 딱 마주쳤다. 그 청바지는 그날 가위로 쭉 찢어져 못 입게 되었다. 아버지랑 일주일 동안 한마디도 안 했다. '다른 애들도 다 입는데 왜 나만 안 되는 거야!' 아버지를 이해할 수 없었다. 원망도 많이 했었다.

대학에 다니던 중 항공사 승무원 준비를 했다. 부모님은 해외여행 갔다가 승무원이 하는 일을 보고는 나를 말렸다. 음료 내오고 무거운 짐 올리고 비행기 안에서 고된 노동을 하는 일이라며 반대했다. 시험 한번 쳐보지 않고 포기했다. 시험이라도 한번 쳐볼 걸 그랬다. 만약 그때 고집을 부리고 시험을 치고 승무원의 길을 선택했더라면 지금보다 더 행복한 삶을 살고 있을까?

나는 부모님 말씀이라면 고분고분 잘 듣는 편이었다. 고생하는 부모님께 항상 효도하고 싶었다. 공부를 좀 열심히 해서 좋은 직장에 다녀 경제적으로도 도움 주고 싶었다. 농사로 늘 바쁜 부모님은 자식들 공부엔 신경 써주지 못했다. 어려서부터 공부하는 방법을 잘 몰랐다는 변명을 해본다. 공무원 시험도 쳐보았다. 떨어지고 떨어지기를 반복했다.

세월이 흐른 후 나는 내가 용기 없는 겁쟁이였다는 것을 알게 되었다. 승무원 시험도 못 친 게 아니라 안친 것이다. 공무원 시험에 떨어지고 포기한 게 아니고 끝까지 안 한 것이다. 우유부단한 성격으로 끝까지 하지 않은 것이다.

우리 집은 늘 북적거렸다. 형제가 많으니 먹는 거며, 입는 거, 사소한 일로 싸우는 날이 많았다. 조용할 날이 없었다. 부모님은 농사일 하며 자식 다섯의 공부와 결혼까지 시켰다. 내 아이를 키워보니 부모님이 정말 대단하시다는 생각이 든다. '아들 하나도 이렇게 키우기 힘든데 어떻게 다섯을 반듯하게 잘 키웠지?' 내 아들이 자라는 것만큼 부모님은 점점 늙어간다. 등이 구부정해지고 허리도 아프다고 한다. 아버지가 먼저 돌아가시면 마음 약한 울 엄마 혼자 어떻게 버티지! 엄마 먼저 돌아가시면 엄마 없인 아무것도 못 하는 아버진 어떻게 하지! 걱정된다.

부모님은 매년 200포기가 넘는 배추를 절이고 양념을 준비한다. 엄마 집에서 모두 모여 김장하기로 한 날, 이른 아침 언니로부터 전화가 왔다.

"엄마 응급실 중환자실에 있다. 어젯밤에 쓰러져 급하게 병원으로 왔는데 패혈증이란다. 돌아가실지도 모른다."

머릿속이 하얘졌다. 아무 소리도 들리지 않았다. 아버지는 엄마

살려 달라고 병원 바닥에서 땅을 치며 울고 있었다. 한 달 전부터 배가 자주 아프다고 했다. 췌장에 담석이 있었다. 병원에서 빨리 제거하는 수술을 하자고 했는데 김장 끝내고 병원 간다고 미루다 이런 사달이 났다. 엄마는 중환자실에서 한 달 동안 있었다. 퇴원하고 와서도 배가 자주 아프다고 했다. 엄마의 면역 상태를 알아보려고 NK 세포 활성도 검사를 했다. 채혈을 통해 신체 면역기능을 확인하는 검사다. 정상이 500pg/ml이다. 검사 결과는 엄마 50pg/ml 아버지 2,000pg/ml이었다. 엄마의 건강에 빨간불이 켜졌다.

엄마의 면역력을 핑계로 아버지와 엄마에게 운동시키기로 했다. 부모님을 출연자로 하는 유튜브 채널을 만들었다. '청춘 돌리기.' 세상의 모든 부모님이 건강하기를 바라는 마음으로 영상을 찍고 편집해서 유튜브에 올리기 시작했다. 놀라운 일이 벌어졌다. 운동 시작하고 1년쯤 지나니 엄마의 얼굴빛이 달라졌다. 배 아프다는 소리도 안 했다. 유튜브를 시청하던 회원분이 아버지 얼굴도 너무 좋아졌다고 했다. 두 사람의 얼굴에서 빛이 났다. NK 세포 활성도 재검사에서 엄마가 1,800pg/ml로 나왔다. 하나님 부처님 세상 모든 신께 감사드렸다.

작년 봄 외할머니 장례식장에서 두 분이 코로나에 걸려 운동을 못 하게 되었다. 운동을 두 달 쉬었더니 아버지가 이제 힘들어서 운동 못 하겠다고 하셨다. 방학 중인 조카들에게 할아버지 할머니 설득해서 운동에 모시고 오기 미션을 내주기도 했다. 내가 운영하는 필라테스 센터까지 와야 했다. 운동 와서도 몇 번이나 실랑이를 벌였다. 운동하기 싫다고 얼마나 짜증을 내는지 내 속이 까맣게 탔다. 엄마 아버지가 자꾸 약해지고 있다. 얼굴에 주름도 더 생겼다. 다리에도 근력이 빠져 걸음도 느려졌다. 자꾸 아프다고만 하고 운동은 안 하고 싶어 하고 어떻게 하면 다시 운동을 시작할 수 있을까? 일요일이 되면 무조건 시간 내서 부모님께 가려고 한다. '운동하자고 하면 짜증 내지 않을까?' 눈치 보면서 슬쩍 매트를 깐다. 가장 필요하면서도 쉬운 운동 딱 3가지로 후다닥 운동을 시켜본다.

 제발. 우리 곁에 건강하게 오래오래만 있어 달라고 말하고 싶다. 부모님이 건강하게 살아가시는 게 우리에게 가장 큰 선물이다.

02

좋은 인연

권경희

"엄마! 엄마와 난 참 좋은 인연이었어. 엄마의 딸이어서 좋았어. 고마웠어."

죽을 때 귀가 가장 마지막에 닫힌다고 한다. 엄마가 세상을 떠나던 날 엄마 귀에 가까이하고 말했다. 엄마는 2013년 8월 17일 내 곁을 떠났다. 나는 엄마를 9월 20일이 되어서야 완전히 떠나보냈다.

퇴근하고 집에 오니 택배 하나가 도착해 있었다. 보낸 이는 권명섭이었다. 봉화 아버지에게서 온 것이었다. 박스를 열었다. 고구마, 감자, 고추, 콩이 가득했다. 감자와 고구마에 눈물이 떨어졌다. 흙이 씻겼다. 털썩 주저앉았다. 두 다리로 박스를 끌어안았다. 다리로 거실 바닥을 긁으며 울었다. 윗집에서 인터폰이 왔다. 아이가 시험 기간이라고 조용히 해달라고 했다. 남편은 미안하다고 하며 끊었다. 남편은 내게로 와서 어깨를 토닥여 주었다. 나는 더 큰 소리로 울었다.

추수도 못 하고 뭘 그렇게 바삐 떠났을까. 이것으로 엄마의 손길이 닿은 모든 것은 끝이었다. 잠시 소풍 왔다 좋은 인연으로 만난 모녀였다. 다음 생의 좋은 인연으로 만나길 기도한다.

유년 시절 시골에서 자란 즐거웠던 경험은 어른까지 간다. 엄마가 점심을 차려놓으면 나는 들에 일하고 있는 아버지를 부르러 달려간다. 집으로 오는 길이었다. 아버지는 급하게 내 팔을 잡아당겼다. 깜짝 놀랐다. 아버지는 땅을 내려다보면서 말했다. 개미들이 줄지어 가고 있었다. "죄 없는 것들을 밟지 마라." 하셨다. 아버지가 멋져 보였다. 아주 작은 식물이나 동물도 소중함을 알게 되었다. 난 그때부터 꽃이나 벌레를 함부로 밟거나 꺾지 않았다.

아버지는 출근 전 논밭을 한 바퀴 돌아보았다. 오는 길에 들꽃을 꺾어서 한 손에 들고 왔다. 주머니는 산에서 딴 열매로 불룩했다. 밤과 호두꽃을 마루에 올려놓았다. 그리고 자전거 페달을 힘껏 밟으며 대문 밖으로 나갔다. 꽃은 살짝 시들어 있었다. 엄마는 귀신같은 꽃을 왜 꺾어 왔냐고 큰 소리로 말했다. 내 눈에는 예뻤다. 열두 살까지 봉화에서 부모님과 함께 살았다. 그때 지금의 내 감성이 만들어졌다.

엄마는 자주 나를 데리고 장터에 갔다. 5일마다 열리는 봉화 장은 집에서부터 10킬로미터를 걸어야 도착할 수 있었다. 레이스 있는 블라우스와 멜빵 치마를 사주었다. 시장 갈 때마다 예쁜 옷을 입어 보는 게 좋았다. 옷을 입히면 봉화시장에서 내가 제일 예뻤다고 한다. 언니가 말해줬다. 장에 가면 바쁜 엄마를 졸라 여러 옷가게를 구경했다. 옷 입어 보는 것이 뻥튀기 과자 먹는 것보다 더 좋았다. 어른이 되어서도 시골집에 갈 때 꼭 봉화 장터를 둘러본다. 함께 하는 언니는 "넌 향수병이야. 여기 뭐 볼 거 있다고!" 난 못 들은 척 웃으며 가게들을 기웃거렸다.

옆집 소는 긴 혀로 풀을 입으로 쏙 말아서 소리 내며 먹는다. 그 옆에 짧은 대롱에 하얀 솜털이 넓은 들판에 피어 있다. 꺾어서 힘을 주고 '후'하고 불었다. 눈처럼 하얗게 내렸다. 친구들과 풀밭을 뒹굴며 논다. 엄마는 저녁 먹자고 나를 부른다. 깜짝 놀라 고개를 든다. 주위가 어둡다. 헉헉 뛰어 집으로 왔다. 밥은 꿀보다 더 맛있었다. 파란 들판은 놀이터였다. 무성한 이름 모를 꽃들은 장난감이었다.

계절이 바뀔 때마다 풀과 꽃을 보면 어린 시절이 생각난다. 논밭에서 동네 아이들과 반딧불 놀이했다. 엄마가 부를 때까지 배고픈 줄도 모르고 놀았다. 여름이면 마당에 들풀로 모깃불 피웠다. 멍석 깔고 앉아 감자 옥수수 먹었다. 밤하늘 별 보며 북두칠성을 언니보다 내가 먼저 찾았다고 소리치며 깔깔 웃었다. 해가 뜨기도 전에 마을 닭들이 여기저기서 소리를 내면서 잠을 깨웠다. 가을이면 감꽃으로 목걸이 만들며 소꿉놀이했다. 겨울에 눈이 내려 마을이 온통 하얀색이면 눈사람을 만들었다. 지붕 끝에 붙어있는 고드름은 얼음과자였다. 도시에서의 하루하루는 어린 시절과 전혀 다른 모습이다. 매장 월세, 직원들 월급, 고객 클레임 등으로 걱정이 없는 날이 없다. 도시가 나를 지치게 할 때 내가 살던 고향을 떠올리며 잠시 쉬어 본다. 다시 시작할 힘을 얻는다.

초등학교 졸업하고 대구로 유학을 왔다. 다락방이 있는 평리동 전세방이었다. 시골 부잣집 딸에서 도시의 가난한 학생이 되었다. 언니 오빠 동생이 함께 살았다. 자취방 근처에 가내수공업을 하는 공장이 많았다. 열두 살 시골 소녀의 눈에는 가내공업 하는 사장이 돈도 많고 잘 사는 것 같았다. 그때부터 내 꿈은 사장이 되는 것이었다. 10년을 주부로 살다가 내 이름으로 사업자등록을 신청하면서 사장이 되었다. 가게 오픈하던 날, 엄마에게 물었다. 나를 대구로 보내자고 한 사람이 누구인지. "내가 그랬다." 했다. 부모님은 자식들을 도시로 보내 더 큰 세상에서 살기를 원했다. 자식들 생일이면 바쁜 들일을 미루고 대구에 왔다. 떡 한 광주리 이고 들고 산길을 걸어 버스를 세 번 갈아타고 여섯 시간 걸려 도착했다. 보고 싶었던 엄마도 볼 수 있고 맛난 시골 반찬도 많이 먹을 수 있었다. 10년 넘게 그렇게 다녔다. 결혼하고 사위 첫 생일이다. 바쁜 일정을 조정한다. 마음도 몸도 바쁘다. 분주하게 준비하다가 문득 내 생일날 자취방 대문을 열고 들어올 때 엄마가 든 무거운 짐의 그림자가 마당을 모두 가렸던 그때 생각이 난다.

초등학교 때부터 노래 부르기를 즐기고, 운동을 좋아했다. 친구들과 함께 어울리는 것이 좋았다. 엄마는 늘 내가 잘될 거라고 이야기해 주었다. 내 몫을 하며 멋지게 살아갈 거라는 말을 자주 했다. 30년째 사업을 조리 있게 잘하고 있는 내 배포는 엄마를 닮았다. 감성은 아버지를 닮았다. 난 두 분의 좋은 유전자를 가지고 있다. 자연 그대로의 편안한 시골에서 태어났다. 뭘 해도 잘했다고 해주시는 부모님 덕에 때론 부드럽게 때론 강하게 내 일을 하며 여기까지 잘 왔다.

부모님은 언제나 내가 대단하다 해주셨다. 왜라고 하지 않았다. 언제나 그냥 지켜봐 주고 믿어 주셨다. 내가 당당하고 자존감 높게 살 수 있었던 것은 딸에 대한 부모님의 든든한 믿음이 날 성장하게 했기 때문이다.

5월이 되면 가로수길 풀 베는 작업을 한다. 고향이 떠오른다. 운전하다가 얼른 창문을 내려 코를 실룩거리며 향을 맡는다. 고급 브랜드의 어떤 향수와도 비교할 수 없다. 시골에서 자라지 않았다면 자연 그대로의 쌉쌀하고 매콤한 풀 냄새가 나에게 편안하고 스트레스를 해소해 주는 향인지 몰랐을 거다.

내가 살던 고향, 꽃피는 산골의 추억은 멋있는 삶을 살게 해주는 원동력이다.

03

오랜 기다림에 대한 화답

김경랑

8년 전 아버지는 우리 곁을 떠나셨다. 그 해였다. 아버지는 살면서 제일 기뻤던 일이 내가 태어난 일이라 하셨다. 제일 잘한 일이라고도 했다. 말하지 않아도 나는 알고 있다.

두 분은 결혼하고 오래도록 아이가 없었다. 그럼에도 부모님은 사이가 좋았다. 그 시절 아이 없는 집은 구설이 많았다. 절에 다녀 얻은 자식은 중 아들이라 했다. 교회 기도로 얻으면 목사 아이다 하기도 했다. 호사가의 안줏거리가 됐다. 9년 만에 태어난 나는 아버지와 붕어빵이었다. 태어나자마자 엄마에게 효도한 셈이다. 나의 기억인지 엄마의 전언인지 모르겠다. 남자아이들처럼 서서 오줌을 누던 기억이 있다. 4년 뒤 남동생에게 터를 팔았고 또 4년 뒤 여동생이 태어났다.

내가 태어나기 전 부모님은 많이 베풀고 사셨다고 했다. 아이가 없으니 더욱 그랬을 것이다. 내가 태어나고 집안 사정이 나빠졌다. 나중에 엄마는 나를 재산이랑 바꾼 딸이라 했다. 경제적으로 넉넉지 못한 것은 나를 빨리 철들게 했다. 먹고 사는 일에 그다지 욕심이 없어 보이는 아버지, 반면 매사가 억척스러운 엄마였다. 초등학교 시절, 피아노를 치고 싶었다. 친한 친구들은 모두 피아노학원에 다녔다. 나는 부모님이 힘들까 봐 학원에 보내 달라 말하지 않는 딸이었다. 일곱 살 막내 여동생이 피아노학원에 다닐 때 같이 다닌 두 달이 전부다. 바이엘 두 권을 배우며 행복했다. 나에게 피아노는 어린 시절의 아쉬움으로 남아 있다. 얼마 전 두 아들이 초등학교 때 쓰던 피아노를 치웠다. 풀지 못한 미련이 그간 거실 한 귀퉁이에 자리하고 있었다. 이제 나만을 위해 기타를 그 자리에 놓았다.

중학교에 입학하던 날, 엄마는 내 가방을 메고 학교 앞까지 함께 왔다. 새 가방 이음새에서 나는 삑삑 소리에 발맞춰 걸었다. 엄마는 섬사람이다. 배를 타고 등하교를 해야 하는 것이 무서워 중학교에 다니지 못했다고 했다. 엄마는 중학생 딸을 신기해했다. 나는 엄마와 함께 등교하는 친구가 더 있는지 두리번거리며 걸었다. 엄마와의 등교는 일주일 정도 계속되다 끝났다. 나란히 걷던 엄마의 상기된 옆모습은 사춘기 중학교 시절의 기억 속 첫 장면이다.

고등학교에 다니고 대학을 마치는 동안 나는 혼자 잘하는 큰딸이었다. 고등학교 시절, 가끔 남동생을 챙겨 도서관에 다녔다. 대학 내내 아르바이트로 번 돈은 엄마한테 드렸다. 아버지는 남자친구가 있는 딸에게 졸업하고 바로 시집가면 안 된다고 했다. 그동안 먹이고 입히고 공부시킨 거 다 갚아 주고 가라며 웃었다. 딸이 술에 취해 업혀 들어오고 다음 날 아침 방바닥에 전을 한 판 구워놔도 "해장하러 가야지!!" 하셨다. 나는 그런 아버지를 좋아했다. 졸업하고 직장에 다닐 때도 월급을 집으로 보내 드리는 행복이 컸다. 엄마에게 힘이 되고 싶었다. 신문 읽으시는 아버지의 모습을 보는 것이 흐뭇했다. 동생들에게 몇 푼 안 되는 용돈을 주면서도 뿌듯했다. 훗날 동생들은 나의 아들들에게 넘치는 용돈을 챙기며, "너희 엄마 덕에 외삼촌과 이모가 대학 등록금 걱정 없이 다녔다"라고 했다. 동생들한테 고맙다. 내가 좋아서 한 것뿐이다.

엄마는 큰딸이 선생님이 되길 원했다. 휘휘 돌아 지금 선생이라 불리고 있지만 한때 군인이 되려고 준비했다. 그 시절은 뭐든 다 될 수 있다 믿었다. 겁이 없었다. 아버지도 지지했다. 지원했지만 낙방했다. 바로 취직해 서울살이를 했다. 1년 중 반을 중국에서 지냈기 때문에 부모님 얼굴을 볼 수 있는 날이 많지 않았다. 부모와 자식 간의 긴 그리움은 피할 도리가 없다. 명절마다 헤어질 때면 서울 생활 접고 내려오라 눈물바람이었다. 자식은 독립했을 때 부모 그늘의 고마움을 안다. 두 아들은 군대에서 제대했고 각자의 계획을 말하기 시작했다. 곧 사회생활을 할 것이다. 그래서 나는 얼마 전 아이들을 분가시켰다. 떠나보내는 부모의 마음도 알 것 같다.

나는 귀농했다. 직장 생활은 재미있었지만, IMF를 맞은 대한민국은 나를 농부로 만들었다. 10년을 사귄 남자친구가 직장을 접고 와서 같이 농사지으러 가자고 했다. 거절하지 않았다. 큰딸의 그런 결정을 두 분은 응원하셨다. 부모님은 어디서 무엇을 해도 잘할 거라 믿어 주었다. 시간이 지나고 어느 날 엄마가 많이 울었다 전해 들었다.

 엄마와 딸은 출산의 경험으로 더 각별하다. 나는 아들이 둘이다. 둘째를 낳다 죽을 고비를 넘겼다. 임신중독이었다. 온 가족이 모였다. 의사는 생존 가능성을 매우 낮게 이야기했다. 태변을 먹은 아이는 신생아 중환자실로 갔다. 나는 아이에게 초유도 먹이지 못했다. 그리고 중환자가 되었다. 큰아이는 밀양에 있는 시부모님이 돌보셨다. 갑자기 엄마와 떨어진 아이는 밤마다 엄마를 찾으며 울었다. 하루하루 전해지는 의사의 말에 가족 모두 가슴 졸였다. 출산하고 6개월 지나고서야 아이를 안아 볼 힘이 생겼다. 고비를 넘기고 정신을 차려보니 부모님은 10년 늙어 보였다. 온 가족이 내 옆을 지키며 힘든 시간을 보냈다. 가족이 자식을 낳다가 잘못되는 일이란 그런 것인 것을 알았다. 딸로도 엄마로도 건강해야 한다. 나의 농부 생활은 짧게 끝났다. 엄마로 육아만 했다. 아이를 돌보며 부모님에 대한 생각은 깊어만 갔다.

 엄마는 치매가 빠르게 진행 중이다. 외할머니가 돌아가시고 다음 해 올케가 하늘의 별이 되었다. 얼마 지나지 않아 의지하던 아버지가 돌아가시면서 엄마의 기억은 가끔 모두가 살아 있던 그때로 돌아간다. 집에서 멀리 떨어진 터널 안에서 모셔 오기도 했다.

봄이면 아버지 보고 싶다며 쑥밭에서 해 저무는 줄 몰랐다. 그날도 해는 넘어가고 늘 다니는 길이었지만 엄마에겐 낯선 동네였다. 터널 너머엔 집이 있고 아버지가 기다리고 있다는 생각이 들었다 한다. 쑥 탓을 한다.

"쑥이 너무 많아서 해 지는 줄 몰랐다."
"아버지 끼니 걱정에 길도 헤맸다."

쑥을 그만 캐라 하면 아버지 보고 싶다며 훌쩍인다. 아버지가 그리우면 자식은 봄 쑥만 못하다. 딸을 만나면 당신의 유년 시절 이야기로 하루 반나절을 보낸다. 나의 어린 시절을 이야기하기도 한다. 등에 업혀 쫑알대던 나를 어제 일처럼 기억한다. 엄마는 그 시절 수줍은 새댁의 얼굴이 된다. 딸의 힘들고 아팠던 기억은 어디에도 없다. 언젠가 내가 누구인지 묻는 날이 더 먼 미래이기만을 바란다. 나는 아버지를 닮았다. 엄마는 그래서 내가 좋단다. 나도 아버지가 좋았다. 엄마는 나를 보며 아버지를 떠올린다. 나는 엄마를 보며 아버지의 부재를 생각한다. 그럴 때면 엄마를 꼭 안아 본다. 그리고 손을 잡고 산책을 나선다. 오래오래 함께 산책할 수 있기를 기도한다.

9년을 기다리게 한 딸이었고 10년을 사귄 남자와 결혼했다. 살아온 시간들을 꾹꾹 적어 보니 공들인 시간에 화답하는 삶이었다. 나로 여물어 가는 소중한 시간이다.

04

내 별명은 돈덩어리

김수하

걸음을 잘 떼던 세 살 아이가 주저앉아 몸을 못 가누고 오줌을 쌌다. 엄마는 주변 사람들에게 용하다는 한의원과 병원 등을 소개받았다. 어디가 잘 보더라 하면 어디라도 찾아갔다. 이웃의 소개로 '국립중앙의료원'에 다행히 연이 닿았다. 검사를 위해 입원했다. 선진국에서 의료지원 나온 의사들이 진료를 봤다. 수속 기간만 한 달 넘게 걸렸다. 병명은 결핵성 척추염이었다.

치료비로 큰돈을 마련해야 했다. 평택에 살던 고모에게 돈을 빌려왔다. 때마침 군부대 부지로 논밭이 들어가 보상받은 돈이 있었던 때였다. 엄마는 그 일을 두고두고 고모에게 고마워했다. 자랄 때 형제들은 나를 '돈덩어리'라 불렀다.

치료 방법은 약물 치료와 수술 두 가지였다. 엄마는 약물치료를 선택했다. 그게 더 안전할 것 같아서 그렇게 했단다. 엄마는 의사의 조언에 따라 젖을 떼고 죽을 먹였다. 달걀과 쇠고기 죽이었다. 사람들은 달걀을 많이 먹어 말을 더듬게 될 거라고 수군댔다. 그 말 때문에 혹시나 했던 엄마의 걱정과는 달리 나는 또래보다 말을 빨리 아주 잘했다고 한다. 길 가던 사람들이 애가 몇 살이냐고 물을 정도였다. 그때부터 약을 먹기 시작해서 일곱 살까지 먹었다. 약을 꿀떡꿀떡 잘 받아먹었다. 커다랗고 길쭉한 미제 군용 숟가락에 약을 드라이버로 빻아 새끼손가락으로 개어 먹었다. 가끔 집에 들렀던 정심이 아저씨는 약을 잘 먹는 걸 기특해했다. 소주 뚜껑을 소꿉놀이하라며 주고 갔다. 내가 어렸을 때는 흔히 이런 걸로도 소꿉을 했다.

치료는 다행히 잘 되었다. 후유증이 남았다. 어깨가 굽었다. 상체는 짧은데 팔다리가 길다. 모자 달린 옷을 좋아하게 되었다. 굽은 어깨 티가 덜 나서다. 물리치료라든지 교정할 방법을 몰랐던 게 아쉽다. 시력도 나빴다. 작거나 멀리 있는 걸 보려면 눈을 찡그렸다. 소화력이 약해서 뭐든 잘 먹지 못했다. 자주 감기에 걸렸다.

초등학교에 입학했다. 엄마는 입학한 해에 일 년 치 기성회비를 학교에 미리 냈다. 선생님께 앞자리에 앉혀 달라고 부탁했다. 시력이 좋지 않았던 딸을 염려해서다. 한 달 치가 삼백 원 정도 했다. 자식이 여럿인 가정에서는 큰돈이었다. 아버지 혼자 외벌이로 꾸리는 살림이었다.

나는 나이에 비해 왜소한 체격이었다. 밥을 잘 먹질 못해 또래들보다 작았다. 운동장에서 잘 뛰어놀지 못했다. 콩주머니놀이나 피구를 하면 맞는 게 무서워서 피해 다녔다. 엄마는 운동회나 학교 행사가 있을 때마다 언니들을 딸려 보냈다.

학교에서 내 옆자리 짝꿍은 옷차림이 깨끗하지 않았다. 짝꿍을 싫어하지는 않는지 선생님은 엄마에게 물어봤다고 한다. 나는 그런 게 싫지는 않았다. 학교 생활기록부에는 '양순하고 사람 차별을 하지 않으며…'라고 적혀있었다.

엄마는 나들이를 갈 때마다 앞코가 뾰족한 빨간 구두와 밀짚모자를 씌웠다. 손뜨개를 잘하는 집에 부탁해서 맞춤옷도 해 입혔다. 빨간색 뜨개 코트였다. 기차를 타고 평택 고모네 집에 가다가 내 구두 굽이 빠졌다. 납작한 굽이었는데도 그게 떨어져 나갔다. 평택 시장에 들어가 똑같은 구두를 찾는데 맘에 드는 게 없었다. 같은 빨간 구두였지만 반짝반짝 윤이 나지 않았다. 어린 내 눈에도 왠지 촌스러워 보였다. 엄마가 물었다. "너도 맘에 안 들지?" 그걸 샀는지는 기억에 없다.

초등학교 때는 엄마랑 후암동 작은아버지 집까지 걸어서 다녔다. 버스노선이 있었을 텐데 우리는 예사로 걸어 다녔다. 친구들과 남산을 갈 때도 한강 다리를 건너서 걸어 다녔다. 그때 단련되어 나는 걷기를 좋아한다. 가을이었다. 남영동 미군 부대 담벼락을 따라 걸으면 그늘이었다. 은행나무 가로수에서 길바닥에 수북이 떨어진 은행을 밟으며 걸었다. 걸음이 빠른 엄마는 저기 앞서가고 나는 해찰을 부리며 거리를 두고 따라갔다.

엄마는 내가 결혼을 아주 늦게 하길 바라셨다. 일찍 시집가면 고생한다고 했다. 특히 장남과 결혼하지 않기를 바랐다. 몸도 약하고 일도 잘 못하는 내가 밀양으로 시집을 가겠다고 했을 때 엄마는 말렸다. 먼 곳에 살면 김치 담그는 것이나 이불 빨래 등 아기 돌보는 것도 도와줄 수 없다고 했다. 더구나 종가의 층층시하를 어찌 감당하겠냐며 우려했다. 결국 엄마는 작은아이가 네 살 때 내가 사는 곳으로 와서 아이들을 돌봐주셨다. 어릴 때도 나를 걱정했는데 결혼해서도 내 걱정이 많은 엄마였다.

여덟 살이 되도록 아버지를 따라 남탕에 다녔다. 집에서도 아버지가 씻겨줬다. 머리도 아버지가 잘라줬다. 팬티 고무줄도 넣어줬다. 아버지는 중국식 빵을 잘 만드셨다. 음식을 만들 때 머리에 수건과 마스크까지 썼다. 끓인 물이 좋다고 보리차를 끓여놓고 마시게 했다.

술을 좋아하던 아버지를 따라다니며 술안주에 일찍부터 맛을 들였다. 아버지는 동네 구멍가게에서 연탄불에 구워진 양미리를 안주 삼아 막걸리를 마셨다. 생선회도 좋아했다. 인천 송도와 월미도까지 회를 먹으러 가시곤 했다.

집이 한강 근처라 아버지와 배를 타고 놀았다. 자라를 거북이로 착각한 나는 사달라고 졸랐다. 이웃집 숙희가 거북이와 마당에서 달리는 시늉을 하며 "만세!"하고 노는 것을 보았기 때문이었다. 아버지는 자라가 물면 손가락이 잘린다고 걱정하면서도 사주었다. 막내딸의 요청은 무조건 들어주셨다.

아버지는 여행을 좋아하고 새로운 음식을 맛보러 다니길 즐기셨다. 그런 아버지를 늘 따라다녔다. 시장에 가서 순대를 자주 사다 주셨다. 비닐봉지가 흔하지 않을 때라 순두부나 순대 등을 살 때는 그릇을 들고 다녔다. 봄에는 목말을 태워 창경궁(6, 70년대는 창경원이었다)에 동물이나 벚꽃을 보러 데리고 다녔다. 온양에 온천이 생겼다. 아버지와 엄마 나 셋이 동양 고속버스를 타고 온천에 다녀왔다. 새로운 음식이 세상에 나오면 주변 사람들보다 먼저 사 들고 오셨다. 맛있는 음식점이 있다고 하면 엄마와 함께 먹으러 가곤 했다. 나의 부모님은 내가 초등학교 때 사십과 오십 대였다. 친구들의 부모님에 비해 나이가 많았다. 아버지를 아빠라고 부르는 아이들이 부러웠다. 형제 중에 맏이인 아이들은 그렇게 불렀다. 젊은 엄마를 둔 친구들이 부러웠다. 아기를 업고 학교에 찾아오는 친구의 엄마도 있었다.

아버지와의 좋았던 기억은 내 나이 열한 살 봄까지다. 아버지는 세상과 작별하셨다. 좋아하던 술이 원인이었다. 마지막까지 좋아하던 술을 끊지 못해서 엄마의 극진한 병간호를 허사로 만들었다. 어려운 일이 닥칠 때마다 아버지와 보냈던 시간을 그리워했다. 내가 만날 미래의 남편은 아버지와 같이 따뜻하고 자상하기를 바랐다. 슬픈 일이 생기면 아버지를 소리 내어 부르며 울었다. 이웃의 대성이 아버지도 듣고 같이 눈물이 나더라고 했다. 결혼해서 살면서도 힘든 고비마다 아버지를 그리워했다. 더없이 다감하게 나를 보살펴 주던 아버지였다.

나는 어려서 앓은 병으로 부모님에게 손이 많이 가는 자식이었다. 부모님의 극진한 보살핌이 없었다면 내가 존재했을까. 부모가 되어봐야 그 깊은 사랑이 짐작이라도 할 수 있다. 부모님이 그립다.

05
나는 오늘도 부모님 기둥에 기대고 살아간다

문인숙

아침이면 부엌에서 엄마의 도마질 소리가 '닥닥닥' 들린다. 그 소리에 나는 잠에서 깼다. 추운 겨울엔 거칠게 몰아쉬는 엄마의 숨소리도 함께 들렸다. '마당 쓸어라.'라는 엄마의 말에 눈을 비비며 일어났다. 쇠죽을 끓이는 할아버지 옆에도 앉았다. 할아버지가 먹고 난 달걀 껍데기에 쌀을 넣었다. 그것을 아궁이 숯불에 넣으면 계란밥이 만들어진다. 고슬고슬한 쌀밥이 맛있었다. 추운 겨울이면 엄마는 항상 쇠죽 솥뚜껑에 운동화를 올려놓았다. 따뜻한 운동화를 신고 10리 등굣길을 동반자 삼아 걸었다. 물기를 품은 흙이 얼어서 작은 기둥을 세워 놓았다. 그 길을 바스락 소리를 내며 밟고 학교에 갔다. 발을 통해 전해 오던 온기는 그리 오래 가지는 못했다. 자식을 향한 부모님의 헌신과 사랑의 마음의 온기는 식지 않음을 알고 있다. 이것이 어린 시절부터 지금까지 나를 바로 서게 해주는 힘이다.

마산으로 유학을 나오기 전까지 우리집은 3대가 함께 사는 대가족이었다. 할아버지와 아버지 그리고 우리 5형제는 두 살 터울의 꼬마들이라 엄마가 늘 필요했다. 엄마는 고된 농사일과 집안 살림에 육아까지 모든 일을 거뜬히 챙겼다. 먹거리가 풍족한 시절은 아니었다. 부모님이 정성으로 키운 갖은 채소로 만든 시골 밥상을 먹고 건강하게 자랐다. 온 들판이 놀이터였다. 손에 잡히는 막대기며 짚단이며 모든 것이 장난감이고 소꿉놀이였다. 할아버지는 90세까지 건강하셨다. 엄마가 매일 정성껏 챙긴 식사 덕분이었던 것 같다. 방목한 닭이 낳은 날달걀 한 알과 손수 빚은 막걸리 한 사발은 훌륭한 애피타이저였다. 끼니때마다 무쇠솥에 밥을 하고 쌀뜨물로 누룽지도 끓였다. 할아버지가 드시던 누룽지가 얼마나 맛있었던지 우리 형제는 지금도 물 누룽지, 마른 누룽지 가리지 않고 즐겨 찾는다.

장남인 아버지는 아들을 원했다. 엄마는 셋째 딸인 나를 낳고 산후조리를 할 수 없었다고 한다. 내 생일이 다가오면 엄마가 아프다. 출산해 본 사람은 산후조리가 얼마나 중요한지 잘 안다. 나는 터를 잘 팔아 밑에 남동생이 태어났다. 집안 어른들의 귀여움을 많이 받았다. 공부도 곧잘해서 부모님이 자랑스럽게 생각하는 딸이었다. 부모님은 집안 행사나 나들이 갈 때면 나와 남동생을 항상 데리고 다니셨다. 집안 대표선수였다. 형제가 많으니 다 데려가지는 못했다.

쌀이 귀한 시절이었다. 쌀밥만 담긴 할아버지와 남동생의 밥그릇이 부러웠다. 몸이 약한 남동생이 먹던 원기소(종합영양제)도 탐냈다. 나는 아들딸 차별하지 말라고 엄마에게 달려드는 못된 딸이었다. 무슨 페미니스트처럼 집에서는 쌈닭 역할을 하며 자랐다.

이웃 오빠들이 중학생이 되면서 도시로 유학을 가는 것을 보았다. 부러웠다. 창녕 고등학교의 교장 선생님은 3년 동안 장학생으로 공부할 수 있다고 했다. 시골에서 고등학교 다니기 싫었다.

"우물 안 개구리는 되기 싫어요. 저도 도시로 가서 공부하고 싶어요."

고등학교 연합고사를 봤다. 합격했다. 아버지도 자식 한 명 정도는 유학 보내고 싶은 마음이 있었다고 했다. 정확히 몇 년간이었는지는 모르겠지만, 어린 시절 내내 아버지는 동네 이장 일을 했다. 면사무소로 일 보러 가는 아버지를 따라 오토바이를 타고 학교에 갔다. 아버지 허리를 꼭 끌어안고 집을 나서는 나는 개선장군인 양 신났다. 아버지에게 아들 못지않은 자랑스러운 딸이 될 수 있어서 좋았다.

마산에서 직장 생활을 하는 큰언니와 함께 살며 학교에 다녔다. 내가 원해서 나온 유학이었지만 좋은 것만은 아니었다. 엄마가 너무 보고 싶었다. 주말만 기다렸다. 매주 창녕 집으로 갔다. 한 학기 정도 다니니 괜찮아졌다. 역시 나는 도시 체질이었다.

여러 지역에서 온 친구들, 푸른 잔디의 운동장, 도시의 볼거리와 놀거리가 창녕과는 비교가 안 되었다. 더 많은 기회와 경험을 할 수 있었다. 친구들과 영화도 자주 보러 갔다. 학교 교기가 배구라서 응원도 자주 다녔다. 빵집에서 미팅도 했다.

도시 생활에 익숙해져 잘 지내면서도 시골에서 농사를 짓는 부모님 생각이 많이 났다. 늦은 저녁까지 농사일하는 부모님을 뒤로하고 버스를 타고 돌아왔던 자취방은 춥고 쓸쓸했다. 그때 친구들의 아버지는 대부분 회사원이었다. 우리 부모님도 도시에 살았더라면 하는 생각에 친구들이 한없이 부러웠다. 나이가 들어서 만난 친구들의 아버지는 대부분 요양병원에서 지낸다. 부모님은 직접 농사지은 배추로 담근 김치와 참기름을 안겨 준다. 자랑스럽고 고맙고 행복하다. 난 아직 고아가 아니다.

큰아이가 막 초등학교에 들어간 해에 무쇠 같은 엄마가 대장암 판정을 받았다. 제일 먼저 고추 말리는 고추굴이 떠올랐다. 요즘은 빨갛게 익은 고추를 따면 전기로 작동하는 고추 건조기에 말린다. 예전에는 황토로 만든 굴에서 했다. 엄마는 하루에 두 번 연탄불이 활활 타고 있는 굴에서 화생방 훈련을 했다. 고추를 뒤집어야 예쁘게 잘 마른다고 했다. 그렇게 보낸 시간때문에 암에 걸린 것 같았다.

엄마는 병원에 입원해 있으면서도 계속 농사 걱정을 하셨다. 나는 그런 엄마에게 소리 지르고 짜증냈다. 그러고는 병실 밖에 나와 몰래 울었다. 엄마의 걱정이 현실이었다. 당장 회복하는 일이

급선무였다. 엄마의 부재로 가족의 일상이 무너졌고 우리 형제는 어쩔 줄 몰라 우왕좌왕했다. 혼자 생활하는 아버지의 뒷바라지, 논밭에 가득하게 자라고 있던 작물들까지 보살펴야 했다. 가족회의를 열고 작전을 짰다. 우리 형제들은 병원 팀과 시골 팀으로 나눠서 각자 맡은 역할을 했다. 부모님이 키운 작물을 편하게 받아먹기만 할 때는 이렇게 많은 일들을 하고 있는지 알지 못했다. 엄마는 5년간의 암 투병을 잘 이겨내셨다. 힘든 시간이었지만 가족들이 똘똘 뭉칠 수 있는 좋은 시간이기도 했다. 엄마의 빈자리는 우리를 효자로 만들었다.

스물네 살에 직장 생활을 시작했다. 첫 발령지가 김해였다. 창원에서 시외버스를 타고 다녀야 했다. 6개월쯤 다니다가 힘들다고 엄마에게 투정 부렸다. 승용차를 한 대 사 달라고 졸랐다. 엄마가 아버지에게 이야기했다. 짙은 쥐색 엑셀 자동차가 생겼다. 형제 중에 제일 처음으로 승용차를 부모님께 선물 받았다. 아버지는 늘 든든한 지원군이고 해결사였다.

딸아이가 여섯 살 때 일이다. 수두에 걸려 어린이집에 갈 수 없었다. 네 식구가 일주일 동안 친정에서 지냈다. 남편과 나는 창녕에서 창원으로 출퇴근했다. 한겨울 시골 아침은 도시보다 더 차가웠다. 창녕에서 지낸 지 삼 일 째쯤 되던 날 밤새 눈이 내렸다. 새벽에 눈을 떠 마당을 보니 온통 하얗게 덮여 있었다. 큰길까지 차를 가지고 나갈 수 있을지 걱정이었다. 논공단지 앞 비탈을 넘어야 했다. 남편과 함께 서둘러 집을 나섰다. 차가 지나갈 정도로 도로의 눈이 이미 치워져 있었다. 아버지였다. 깜깜한 새벽에 나와 비질하고 눈을 치웠을 아버지를 생각하니 눈물이 핑 돌았다.

"너희들 키우며 참 힘들었는데, 그래도 그리 키워 놓으니 너희는 사는 게 좀 낫나?"

엄마가 몇 년 전에 물었다. 당연한 말이다. 아무것도 모르던 철부지가 30년째 사회생활을 하고 있다. 결혼생활도 26년이 넘는다. 두 아이의 부모가 되었다. 어른이 되면서 삶의 중심에는 늘 부모님이 계셨다. 힘든 일이 있을 때마다 인내하고 이겨낼 수 있었다. 농사를 지으며 불평 없이 많은 일을 해내던 부모님을 떠올렸다. 그것보다는 지금 내가 겪는 시간이 더 수월하다며 생각했다. 우리 부모님이 우리에게 그랬던 것처럼 하라마라 하지 않았고 그냥 열심히 사는 모습을 보여주었다. 우리 아이들도 거울처럼 나를 따라 잘 살 것이다. 부모는 아이들의 거울이고 기둥이다. 지금도 나는 그 기둥을 기대고 산다.

06

세상엔 영원한 건 없더라

박미경

　우리 아빠는 4대 독자다. 자식 욕심이 많다. 우리 사남매가 결혼하면 '며느리 둘에다 사위 둘까지, 자식이 여덟이나 된다.'라며 손가락 꼽으며 행복해하셨다. 조상님들 만나면 큰소리칠 거라고 엄마에게 얘기하는 걸 자주 들었다. 사실 엄마보고 자식 여덟 명 낳자고 했단다. 우리 아빠는 목표 달성한 셈이다.

　주말이면 자식들 앞세워 외식을 자주 했다. 손주 열 명까지 대동하고 다녔다. 그날의 입을 옷도 정해 줄 정도다. 어깨가 하늘에 닿아 있었다. 아빠는 늘 '당신의 건강과 장수는 모두 엄마 덕이다'라며 엄마 손을 꼭 잡고 자식들 앞에서 자랑했다. 천생연분이다. 서로를 귀하게 여기는 두 분을 보고 자란 것이 자랑스러웠다.

　어린 시절 우리 집 거실에는 고풍스러운 나무 탁자가 있었다. 그 안에는 조선 시대 떡살과 연적, 옛 여인의 장신구 등이 있었다. 그 위에 유리를 덮어 거실 탁자로 사용했다. 테이블을 볼 때마다 '엄마는 참 멋스럽게 사셨구나.' 하는 생각이 든다.

집에 손님이 오면 장미꽃이 그려진 영국산 커피잔에 홍차를 우려내어 각설탕과 함께 대접하곤 했다. 앤티크 그릇 컬렉션, 잘 키운 식물들, 잘 관리된 수족관 등 무엇이든 잘 만들고 잘 관리했다. 형제 중에 별나게 엄마를 따라 하며 살았다. 나는 엄마의 발뒤꿈치도 못 따라간다. 엄마의 완벽한 모습은 나의 자랑거리다.

나는 장남도 장녀도 아니고, 차녀다. 존재감을 표하느라 고집으로 모든 문제를 해결했다. 화가 나면 머리카락을 뜯었다. 오빠가 자주 나를 놀렸다. 아빠가 퇴근해 올 때까지 머리카락을 뜯으며 대문 앞에서 기다렸다.

"진짜 너의 엄마 다리 밑에 있다. 찾아가 봐."
"비 오는 날 뛰지 마. 들창코에 물 들어간다."

문 앞에 있던 나를 발견한 아빠는 늘 내 편이었다. 나의 적에게 소리쳤다. 아빠에게 혼나는 오빠를 보고 나면 화가 풀렸다. 지금 생각해 보면 나를 위해 그냥 혼내는 척한 것 같다. 나도 애를 둘 키워 보니 그 마음 알겠다.

언니 박해경은 공부도 잘하고 얼굴도 예뻤다. 노래대회만 나가면 빨간 줄 달린 누런 메달을 따왔다. 중학교 때는 연극을 해서 대통령상도 받았다. 언니는 나 때문에 자주 울었다. 난 사과할 일이 많다. 언니의 여름 방학 숙제를 내 이름으로 바꿔서 상 받은 적도 있다. 언니가 사회과 부도에 숨겨놓은 돈으로 군만두도 사 먹었다. 이건 오빠랑 함께했다. 아빠가 일본에서 옷을 사 오면 언니 것이 늘 좋아 보였다. 언니가 입고 있는 옷을 뺏어 입기를 몇 번이나 반복하며 변덕을 부렸다. 결국, 언니를 울렸다. 나는 악동이었다.

아빠 사업으로 중학교 2학년 때 부산으로 전학했다. 진주에서 대장 노릇하다가 부산에 오니 적응하기가 어려웠다. 수학여행도 가기 싫어 안 갔다. 친구들과 잘 못 지내는 나에게 엄마가 플롯을 배우게 했다. 결국, 플롯으로 대학에 갔다. 나의 재능을 찾아 준 엄마에게 감사하다. 어린 시절 다양한 경험을 했다. 피아노, 서예, 가야금, 장구, 태권도, 수영 등 많은 것을 배웠다. 레퍼토리는 다양하지만, 히트곡은 없었다. 그래도 그때 배운 것으로 40대 때 용기 있게 피아노학원도 오픈했다. 제사 때 지방도 내가 쓴다. 절 합창 때 장구도 친다. 엄마의 극성 덕분이다.

아빠 엄마는 나의 목욕 친구다. 새벽 4시에 일어나 셋이 온천장으로 갔다. 목욕하고 나와 목욕탕 입구에 파는 콩물 한 사발씩 먹는다. 집으로 와서 아침밥 먹고 아빠 차 타고 학교에 갔다. 학교까지 가면서 아빠랑 얘기를 많이 했다. 아빠한테는 비밀이 없었다. 시집가기 전까지 아빠와의 아침 루틴이었다.

회사 마치고 집으로 가는 길에 학교로 나를 데리러 오셨다. 회사 점퍼에 손을 꾹 넣고 아빠가 교문에서 나를 보고 웃고 있다. 나도 큰일이라도 한 양 으쓱이며 "아빠" 부르며 뛰어간다. 친구들은 학교에 자주 오는 아빠가 교장 선생님인 줄 알고 자꾸 인사를 했다. "박미경이가 누꼬?" 갑자기 이름이 불렸다. "열심히 하재이" 선생님들의 관심을 받았다. 우리 아빠 열성은 못 말린다. 자식에 대한 애정이 각별했다. 그때 아빠의 모습이 눈에 선하다. 자식 사랑이 유별난 분이었다. 가슴이 먹먹해진다. 눈물이 나 글이 안 보인다. 영원할 줄 알았다.

이번 주 내내 사진들 정리 중이다. 흑백 사진 속 나는 개구쟁이다. 5살 때 고집 피우다 뜨거운 국에 화상을 입었다. 사진 속 나는 다리에 붕대 감고 엄마 등에 업혀 있다. 급성신장염으로 학교도 못 가고 집에서 구구단 외우며 앉아 있는 사진도 있다. 엄마가 힘들었겠다 싶다.

그래도 엄마는 나를 우리 집 '최고 복덩이'라고 했다.

"우리 미경이 낳고 아버지 사업이 불같이 일어났다 아이가…"

나중에 알게 된 사실이지만 자식 넷 모두에게 '최고다.'라고 했더라. '역시 나의 송 여사님은 머리가 좋다.' 엄마는 일흔여섯 살까지 직접 운전해서 매일 아침 운동을 다녔다. 자기관리도 잘하는 멋진 분이었다. 아빠가 떠나고 엄마에게 우울증이 왔다. 아무것도 하지 않으려 했다. 잠시도 가만 안 있던 엄마다. 자식들 앞에 두고도 계속 외롭단다. 아빠처럼 해 달란다. '우리가 어찌 박영기 씨처럼 하노….' 그런 엄마를 보고 있는 언니와 나는 안쓰럽기만 하다. 아빠가 돌아가시면서 엄마 부탁을 그렇게 하더니, 그게 무슨 말인지 알 것 같다.

엄마 전화기에 나는 넘버 '쓰리'다. 3번만 숫자가 지워졌다. 나는 웃으며 말한다.

"엄마 1번 2번 4번도 좀 골고루 눌러 주세요."

이유가 있단다. 3번이 제일 빠르다고 한다. 어휴! 관세음보살! 엄마와 내가 바로 옆 동에 살고 있으니 그럴 수밖에. 그 와중에 "니는 딸이 없어서 우짜노?" 하며 부아를 돋우기까지 한다. 멋지고 당당하던 엄마다. 세월이 무심하다.

아빠는 가족밖에 모르고 사셨다. 모든 일은 아빠가 알아서 해주셨다. 크면서 아빠의 열정이 닿지 않은 순간은 없었다. 시집가던 날, 아빠 손을 잡고 입장했다. 음악이 시작되자 아빠가 내 손을 꼭 잡았다. 나도 아빠 손을 꼭 잡았다. 신부 행진이 끝나고 한참 지나도 손을 안 놓아서 억지로 뺐다. 속으로 '우리 아빠 왜 저러서?' 했지만 그땐 몰랐다. 세월 지나 엄마가 되어보니 손 놓기 싫은 게 자식인가 보다. 그런 것도 모르고 좋다고 뛰어서 시집갔다.

나는 부모님 덕분에 많은 혜택을 누리고 살았다. 아빠, 엄마에게 자식을 사랑하는 법도 배웠고 인생은 독립해서 살아가야 하는 것도 배웠다. 보석과 같은 부모님은 기다려 주지 않는다. 아직 보석을 놓치지 않은 사람들은 보석을 잘 지켜내기를 바란다. 영원한 건 아무것도 없으니까. '있을 때 잘해 그러니까 잘해!'

　우리도 자식들에게 보석이 되게 노력하자. 나는 딸도 없으니, 각개전투다. 내 팔 내가 흔들기다. 지금부터 단단히 준비해서 자식들에게 멋지고 예쁜 엄마로 살아가는 것이 목표다. 저도 잘해볼게요. 당신들의 소중한 딸로 태어나게 해줘서 너무너무 고맙습니다. 엄마 아빠, 보고 싶어요. 나중에 잘 찾아갈게요.

07

아카시아꽃향기

복기령

얼마 전, 친정엄마가 혼자 텃밭에서 일하다 넘어졌다. 고관절을 다쳐 수술을 했다. 서울에 있는 언니, 오빠와 동생들이 돌아가면서 간호했다. 두 달이 지나 겨우 일어났다. 친정엄마는 통증을 참아가며 걷는 연습을 매일 했다. 자식들한테 짐이 될까 애쓰는 모습이 보였다. 얼마 후, 엄마는 불편한 몸을 이끌고 시골에 내려갔다. 서울에서 같이 살자는 자식들 손을 뿌리쳤다. 시골집에 있는 것이 마음 편하다고 한다.

아카시아꽃이 피기 시작하면 옛 고향길이 떠오른다. 아카시아나무 길을 지나 한 시간가량 걷다 보면 내가 다니는 학교가 나왔다. 수업을 마치고 집으로 돌아오는 길에 친구와 함께 아카시아꽃을 따먹기도 했다. 줄기째 따서 가위바위보 하면서 잎을 하나씩 따서 버리는 놀이도 했다.

나는 초등학교 3학년부터 졸업할 때까지 학교 대표 육상 선수였다. 수업 시작 한 시간 전에 등교해야 했다. 친정엄마는 아침 일찍 일어나 도시락을 싸서 학교에 보냈다. 도시락 안에는 언제나 계란 프라이가 밥 위에 얹혀 있었다. 학교 대표로 육상대회에 나가 단거리 달리기, 오래달리기, 계주 종목에서 상도 여러 번 받았다. 대회가 끝나고 집에 돌아오면 엄마는 "잘했다" 하며 칭찬을 해주었다.

가을 운동회 때도 달리기에서 일등을 하고 상장과 공책을 받아 오면 부모님은 매우 기뻐했다. 계주 종목에서 대표로 나갈 때면 누구보다도 크게 응원을 해주었다. 부모님도 학년 대표로 나가 달리기를 하기도 했다. 나는 언제나 부모님과 함께하는 가을 운동회가 좋았다. 육상 선수는 인내와 끈기가 매우 필요했다. 선수 시절 매일 쉬지 않고 하는 운동이 너무하기 싫었다. 그만하고 싶다고 부모님께 얘기한 적이 있다. 부모님은 뭐든 끈기 있게 열심히 하라고 했다. 부모님 말씀대로 포기하지 않고 최선을 다했다. 지금의 인내와 근성은 어린 시절 부모님의 응원과 위로 덕분이다.

부모님은 밤낮없이 일하며 여섯이나 되는 자식을 키웠다. 부모님의 삶을 통해 정직함과 부지런함, 성실함을 배우고 자랐다. 열심히 사는 모습은 늘 존경스러웠다. 친구와 함께 운동을 마치고 집에 돌아오면 저 건너 밭에서 일하고 있던 부모님이 나를 불렀다. 가방을 내려놓고 밭에 가서 부모님을 도왔다. 고추, 오이, 깨, 콩 등을 심고 물을 주었다. 자라난 풀도 뽑아 주었다. 1남 5녀인 우리 남매들은 너 나 할 것 없이 늘 부모님과 함께 밭에 있었다. 어릴 적 동네 어른들은 우리를 착한 딸 부잣집 애들이라 불렀다. 해가 뉘엿뉘

엿 지면 풀밭에 매어 놓은 염소를 끌고 집으로 돌아왔다. 집에 돌아와서 가마솥에 물을 채웠다. 소여물도 해주고 밥도 지어야 했다. 어린 시절에는 아궁이에 불을 지피며 생활했다. 저녁에는 굴뚝에 연기가 모락모락 피어나는 마을 풍경들로 가득했다.

11월이 되면 월동준비를 해야 했다. 시골의 겨울은 유난히 추웠다. 일요일이 되면 우리 남매들은 부모님과 나무를 하러 산에 갔다. 떨어진 낙엽과 솔잎도 긁어모아 자루에 담았다. 한가득 자루에 채워지면 머리에 이고 집으로 돌아왔다. 나무와 낙엽으로 아궁이에 불을 지피면 방안에 온기가 가득했다. 아궁이에 남아있는 불씨로 친정엄마는 고구마를 구워 주곤 했다. 우리는 아궁이 앞에 앉아 뜨거운 군고구마를 호호 불어가며 먹었다. 고구마를 먹는 내내 엄마를 향해 "최고"라 외치며 엄지손가락을 치켜세우곤 했다.

농사일이 없는 겨울에도 아버지는 늘 일을 했다. 아버지는 이것저것 살림도구들을 고치는 일을 잘했다. 동네 친구와 함께 멀리 떨어진 다른 동네에 가서 일하기도 했다. 그럴 때면 보름 만에 집에 돌아왔다. 전화기가 없던 시절 엄마는 뜨개질과 바느질을 하며 아버지 오기만을 기다렸다.

아버지가 집에 돌아오는 날에는 항상 귤이 한가득 담긴 검은 봉지를 안고 돌아왔다. 잠바 안주머니에서 꼬깃꼬깃한 종이 지폐 몇 장과 동전들이 나왔다. 우리는 검은 봉지 안의 귤이 너무 반가웠다. 겨울에 먹는 차가운 귤은 정말 맛있었다. 아버지는 맛있게 먹는 우리들 모습을 보고는 환한 미소를 지었다. 친정엄마는 무사히 돌아온 아버지를 반갑게 맞이하면서 그동안 있었던 일을 묻곤 했다. 나는 아버지의 검게 탄 얼굴과 손, 흙 묻은 옷을 볼 때마다 마음이 편하지 않았다.

농사철이 되면 아버지는 어김없이 새벽 네 시에 일어났다. 아버지가 일어날 때면 나도 눈이 떠졌다. 농사일로 딱딱하게 굳은 손으로 양말을 주섬주섬 신고 밖으로 나가는 뒷모습을 볼 때면 마음이 울컥하기도 했다. 보름달이 뜨면 항상 소원을 빌었다. '어른이 되면 돈 많이 벌게 해주세요. 돈 많이 벌어서 부모님께 효도할 수 있게 해 주세요' 늘 이렇게 마음속으로 말했다.

친정아버지는 고된 농사일을 술로 달래곤 했다. 술을 드시고 사랑방에 누워 한풀이를 할 때면 나는 조용히 옆에 앉아 아버지의 이야기를 들어 주었다. 어린 시절의 나는 언제나 부모님을 향한 마음뿐이었다.

고등학교 때부터 대전에서 학교를 다녔다. 처음으로 부모님과 떨어져 외삼촌 집에서 지냈다. 주말이면 부모님이 너무 보고 싶어 시골집으로 향했다. 대전에서 버스를 타고 논산과 부여를 거쳐 장평면에서 내려 집에 가는 막차를 타야 했다. 어느 날 막차를 놓치는 일이 있었다. 집까지 한 시간 정도 걸어서 가야 했다. 시골길은 어느새 어둠이 짙게 내려앉았다. 어둡고 깜깜한 길을 한 걸음씩 걷기 시작했다. 앞이 보이지 않아 무서웠다. 조용히 내려앉은 어둠 속에는 나의 발걸음과 숨소리뿐이었다. 한참을 걸어 우리 동네 가까이 왔을 때 아카시아꽃향기가 콧등에 짙게 내려앉았다. 그때 멀리서 경운기 소리가 들렸다. 부모님이 날 마중 나오는 소리였다. 깜깜한 적막 속에서 친정엄마가 내 이름을 불렀다. 안도감과 기쁨에 나도 "엄마" 하며 품에 안겼다. 늘 반갑게 맞이해 준 부모님의 사랑을 받으며 고등학교 학창 시절을 보냈다. 지금도 아카시아꽃이 필 때면 그때 그 일이 생생하게 떠오른다.

뜨거운 햇볕이 내리쬐던 어느 여름날이었다. 올케언니한테서 아버지가 교통사고로 돌아가셨다는 전화를 받았다. 주방에서 저녁 준비를 하고 있던 나는 그 자리에 주저앉았다. 거실에 있던 아이들이 놀라 달려왔다. 두 아이를 끌어안고 한참을 울었다. 남편에게 전화를 했다. 한걸음에 달려온 남편과 나는 아이들을 데리고 친정으로 향했다. 청양으로 가는 내내 눈물이 멈추지 않고 계속 흘러내렸다. 친정에 갈 때마다 반갑게 맞이해 주던 아버지 모습이 계속 떠올랐다. 집에 가까워지자 아버지 모습이 더욱 생생하게 떠올랐다. 길모퉁이를 돌면 아버지가 환하게 웃으며 손을 흔들고 서 있을 것만 같았다. 늘 내가 최고라고 말해주었던 아버지다. 세상 모든 일을 혼자 도맡아 일만 하던 아버지에게 아직 다하지 못한 효도가 남아 있는데 허망했다. 모든 게 꿈이기를 바랐다.

나의 바람도 무심하게 친정아버지는 우리 곁을 그렇게 떠났다. 아버지는 그날도 해가 저물도록 일을 마치고 경운기를 몰고 집으로 돌아오는 길이었다. 뒤에서 승용차가 경운기를 발견 못하고 사고를 낸 것이다. 3년 후 아카시아꽃이 피기 시작할 즈음 천도재를 올렸다. 이제는 일 그만하고 좋은 곳에서 편안히 쉬기를 바라는 마음으로 기도했다. 다음 생애도 꼭 우리 아버지로 만날 수 있기를 간절히 바랐다.

친정엄마는 유머감각이 뛰어난 분이다. 마을 사람들에게 늘 웃음을 주는 엄마를 닮고 싶었다. 엄마는 늘 씩씩하고 용감하다. 동네에서도 인기가 많다. 다리가 아파 여행을 못 간다 하면 진통제를 먹여서라도 엄마를 데려가곤 한다. 이젠 고관절을 수술하고 어떤 여행도 갈 수 없게 되었다.

오늘도 친정 엄마가 먼저 전화를 했다. 별일 없느냐며 엄마는 잘하고 있으니 걱정하지 말라는 전화다. 씩씩한 우리 엄마의 목소리가 오늘따라 더 떨리게 느껴졌다. 나는 더 큰 소리로 대답했다.

"엄마, 건강하게 오래오래 우리 곁에 있어 줘. 많이 많이 사랑해!"

'부모님 살아계실 때 효도를 다하자'라는 말은 늘 강조해도 충분하지 않다. 아버지는 내 효도를 다 받지 못하고 가셨다. 부모님은 언제나 기다려주지 않는다. 바쁜 일상 속에서도 한 번 더 안부를 묻고 사랑한다는 말을 아끼지 말자. 내일 후회하지 않기 위해서다.

08

신 진사댁 셋째 딸

신혜숙

'딸 부잣집이 어느 집이어요?' 이렇게 물으면 우리 집을 찾아올 수 있었다. 나는 얼굴도 안 보고 데려간다는 셋째 딸이다. 엄마는 나를 셋째야! 하고 불렀다. "셋째야! 두부 한 모 사 와라." 아침 일찍 가게로 달려갔다. 나는 엄마 심부름을 잘하는 착한 딸이었다. 언제든지 "네" 하고 뛰어간다. 내 맘에 항상 바쁜 엄마를 도와주고 싶었다.

아버지는 수석 모으기와 등산이 취미였다. 집안 가득 특이한 모양의 돌들이 많다. 우리 집 거실 벽면 중앙에는 물개와 두꺼비 수석이 있다. 아버지를 대신해서 나를 지켜주고 있는 것 같다. 나에게 선물로 준 귀한 돌들이다. 산악회 회장을 하던 아버지는 약수터 올라가는 계단을 몇 달을 거쳐 만들었다. 하루에 두 번씩 약수를 배낭에 메고 딸들 집마다 배달했다. 우리에게 하는 아버지의 사랑법이고 취미였다.

사람 좋아하고 우유부단한 성격의 아버지는 하는 일마다 힘들었다. 여러 차례 사업이 망했다. 친구 보증도 섰다. 일이 터지면 뒷수습은 항상 엄마 몫이었다. 1980년 아프가니스탄 전쟁으로 아버지의 주식이 깡통 계좌가 되었다. 증권회사에 빚까지 있었다.

엄마는 가장의 무게를 홀로 졌다. 다섯 자식 키우며 큰 며느리 노릇도 하느라 새벽부터 바빴다. 출근하기 전에 일어나 할머니 아침상을 차렸다. 도시락도 네 개를 싸야 했다. 엄마는 걸음이 빠르다. 항상 종종걸음이었다. 여유가 없었다. 고단한 생활 속에서도 엄마는 우리들의 공부에 최선을 다했다. 우리들은 모두 우등생들이었다. 큰언니는 중학생 때부터 동네 아이들에게 과외수업을 했다.

중학교 시절, 나는 큰 종이에 피아노 건반을 그려서 치고 있었다. 넉넉지 않은 살림에도 엄마는 나에게 검은색 호르겐 피아노를 사주었다. 내 보물 1호였다. 세상을 다 가진 기분이었다. 덕분에 행복한 사춘기를 보냈다. 딸 중에 유일하게 나만 피아노를 쳤다. 교습도 받고 열심히 연습도 했다. 친구들 결혼식 신랑 입장에는 '군대 행진곡', 신부 입장에는 '결혼 행진곡, 엘리제를 위하여'를 반주했다.

엄마는 최고의 요리사였다. 서울 신라호텔에서 요리사로 평생 일했다. 궁중음식에서 간식까지 못 하는 음식이 없다. 엄마 음식에 대한 추억이 많다. 결혼할 때 이바지 음식을 직접 만들었다. 한 바구니 한 바구니 정성을 다해 음식을 했다. 시댁 식구들이 모양과

맛에 감탄하며 먹는 모습에 내 어깨가 으쓱했다. 엄마는 찹쌀 부꾸미를 자주 만들어 주셨다. 지금도 우리 딸들은 할머니의 부꾸미를 그리워한다. 어느 날 그때의 맛이 생각나서 내가 만들어 보았다. 아이들이 할머니가 해준 맛이 아니라고 깨작거렸다. 나도 엄마의 손맛이 그립다. 엄마의 손맛을 내가 제일 많이 닮은 것 같은데, 엄마 맛을 따라갈 수가 없나 보다.

언니들은 딸 넷 중에 내가 제일 엄마를 많이 닮았다고 말한다. 바느질하는 거나 요리하는 거며 엄마의 모습이 많이 보인다고 한다. 엄마 닮았다는 말은 언제 들어도 좋다. 나는 엄마의 자식 중에 제일 아이가 많다. 셋이다. 부모님은 아이 셋 키우기 힘들다며 우리 집 가까이 살았다. 아이들이 말을 안 들어서 속상해하면 누가 내 딸 힘들게 하냐며 안아 주었다. 그러고는 아이들한테는 웃으며 윙크했다.

2003년 2월 서울에서 부산으로 이사를 하게 되었다. 친정 식구들은 너무 멀리 간다고 섭섭해했다. 이사하는 날 엄마는 계속 뒤돌아서 있었다. 얼른 가라는 말만 했다. 목소리가 울고 있었다. 가까이 살다가 아주 허전할 거 같다고 말했다. 늘 내 편이었던 엄마와 멀리 떨어져 살아야 한다고 생각하니 걱정이 이만저만이 아니었다. 엄마는 그 후로 몇 년 동안이나 김장철에 배낭 메고 부산까지 와서 도와주셨다. 친구들이 부러워했다. 부산으로 이사 온 후 서울에서 대학 다니게 된 둘째 딸도 맡아 주었다. 자식 중에 유난히 엄마의 도움을 많이 받은 딸이다.

　엄마 칠순 때 친구들과 해운대에 놀러 오셨다. 달맞이 길도 걷고 난생처음으로 같이 노래방도 갔다. '카추사의 노래'를 멋들어지게 부르던 엄마의 모습이 잊히지 않는다. 청사포 등대 앞에서 사진도 찍었다. 그때 찍은 사진이 엄마의 영정사진이 되었다.
　어느 겨울, 아픈 엄마 대신 김장을 한다고 엄마 집에 자매가 모두 모였다. 왁자지껄 떠들며 김치를 만들고 있는 우리의 모습을 흐뭇하게 보고 있었다. 김치 간을 엄마가 봐주었다. 맛나다고 했다. 우린 평생 엄마한테 받아만 먹었다. 엄마는 아낌없이 주는 나무였다. 열매도 주고 가지도 주고 줄기까지 줬다. 김치, 된장, 고추장 등 그렇게 퍼주고도 더 줄 거 없나 아쉬워했다. 이 많은 은혜를 어찌 다 보답할까! 엄마는 기다려 주지 않았다.

　엄마는 2015년 3월, 82세 나이에 우리 곁을 떠나셨다. 갑상샘암으로 두 차례 수술했다. 중환자실에서는 며칠 동안 말문을 닫았다. 누가 데리러 왔다고 무서워하며 섬망 증상도 보였다. 어린아이처럼 엄마를 찾으며 눈물을 흘렸다. 엄마는 입원 퇴원을 반복했다. 4년을 병원에서 힘들게 고생하고 떠나셨다. 우리 엄마는 영원히 우리 곁에 있을 줄 알았다.
　엄마의 사랑이 너무 익숙해 정말 소중한 것을 잊고 살았다. 멀리서 산다는 이유로, 아이 셋 키운다는 핑계로 자주 가보지도 못했다. 나를 기다리신 듯 눈도 빨리 못 감았다고 한다. 연락받고 부랴 부랴 가서 엄마 얼굴을 마주하니, 편안한 모습이었다. '셋째 이제 왔구나!' 말하는 듯했다.

'우리 엄마여서 말할 수 없이 좋고 고마웠습니다.' 마지막 인사를 했다. 엄마를 보내 드리고 집 안을 정리했다. 엄마 방은 마지막 병원에 입원할 때 깨끗하게 해놓은 듯했다. 옷장을 정리했다. 엄마가 평소에 아끼던 옷과 가방은 언니들과 하나씩 나눴다. 지금도 고이 간직하고 있다. 냉동고에는 우리가 좋아하는 부꾸미 찹쌀 반죽이 한 봉지 들어 있었다. 벌써 엄마의 빈자리가 느껴졌다. 간장독을 열어보았다. 너무나 맛있었던 엄마표 집간장이 묽게 변해 있었다. 집안에 우환이 있으면 장맛이 변한다고 한다. 우리는 그 많은 간장을 버리고 항아리를 치웠다. 엄마가 우리 곁을 정말 떠났구나! 다시 한번 실감했다.

우리는 익숙하고 당연하다 느끼는 것들이 무엇보다 중요하다는 것을 뒤늦게 깨닫는다. 엄마가 나 때문에 활짝 웃은 적이 얼마나 있었을까! 속상하게 한 적이 더 많았다. 무엇보다 먼저 웃음을 만들어 드리자. 엄마가 환하게 웃으면 온 세상이 다 웃는 것이다.

09

생각지도 않던 늦둥이

정도영

나는 늦둥이 막내다. 엄마가 마흔한 살에 나를 낳았다. 언니가 결혼할 때 세 살이었다. 바로 위에 오빠랑 열다섯 살 차이가 난다. 어린 시절 오빠는 진주로 유학 가고 나는 집에서 늘 혼자 놀았다. 아버지가 운영하던 기와 공장에서 혼자 뛰어다니며 놀고 있으면 일하던 오빠들이 짱구라고 놀렸다. 나를 울리고 놀리는 것을 재미 삼은 듯했다.

"앞뒤 꼭지 삼천 리, 왔다 갔다 육천 리."
"너는 네 엄마가 다리 밑에서 주워 온 아이다."

어릴 때 많이 울어서 그런지 지금도 나는 울보다. 드라마나 영화를 볼 때도 울고, 남의 서러운 얘기를 들을 때도 내가 먼저 운다.

어린 시절 내가 놀고 있으면 '정 대목집 딸'이냐고 사람들이 물었다. 아버지를 쏙 빼닮아서였다. 그래서인지 아버지가 유난히 예뻐했다. 진주에 갔다 오면 빨간 구두나 과자 등을 많이 사다 주셨다. 또래 아이들은 모두 검정 고무신을 신고 다니던 시절이었다. 아버지가 작업하던 공방은 내 놀이터였다. 요즘처럼 따로 장난감이나 소꿉놀이 도구가 없었다. 작업하고 남겨진 대팻밥은 내 소꿉놀이의 중요한 재료였다. 꼬불꼬불한 대팻밥이 신기하고 재미있었다. 깨진 그릇 조각은 솥단지가 되고 아버지가 준 작은 칼은 내가 애지중지하는 주방 도구이기도 했다. 마당에 있는 꽃들과 맨드라미 잎으로 밥도 짓고 국수도 만들었다. 음식하는 것을 좋아하게 된 것은 엄마 영향이 크다.

엄마는 음식 솜씨가 뛰어났다. 친척 집에 잔치가 있을 때는 한 달쯤 전부터 잔치 음식 준비를 하러 가셨다. 어린 나를 늘 데리고 가셨다. 단술을 지어 조청을 만들고 유과나 각종 정과를 만들었다. 폐백 음식들을 하나하나 엄마가 직접 준비했다. 잔칫날 당일은 엄마가 과방지기가 되어 과방에서 음식 내는 모든 일을 총괄했다. 잔칫날 엄마 곁에 가면 과자뿐 아니라 고기가 들어간 음식들도 마음껏 먹을 수 있었다.

다른 집에서는 하지 않는 음식들을 자주 만드셨다. 손이 많이 가는 음식을 만들어서 이웃이나 친척 집에 많이 나누어 주기도 했다. 봄에는 진달래꽃을 따다 화전을 부쳤다. 밤소를 넣은 수수부꾸미도 자주 만들었다. 감자를 얇게 썰어서 소금물에 살짝 데쳐 말린 뒤 기름에 튀겨 설탕을 뿌려 주는 게 참 맛있었다. 요즘의 감자칩과 비슷하다. 비 오는 날이면 술빵을 쪄 주었다. 강낭콩도 넣고, 노랗고 빨간색의 맨드라미 잎을 채 썰어 오색 무늬를 낸 아주 예쁜 장식의 빵이었다. 친구 중에 우리 엄마처럼 빵을 만드는 집은 없었던 것으로 기억한다.

우리 집은 넉넉한 형편은 아니었지만, 집에는 늘 밥 한두 그릇이 남아 있었다. 언제 올지 모르는 거지에게 줄 밥을 남겨두는 것이라 했다. 밥이 없을 때도 거지를 그냥 돌려보내지 않았다. 보부상들의 청도 거절하지 못했다. 많은 보부상이 우리 집 작은 방에서 자고 갔다. 엄마가 한 말 중에 내 좌우명처럼 삼고 사는 말이 있다. "흘러가는 물도 목마른 사람에게 떠주면 공덕이다." 부모는 자식의 거울이라고 했다. 우리 부모님이 학식은 높지 않았지만, 남을 배려하고 나눔을 실천하는 모습이 자랑스러웠다. 엄마를 닮아 있는 내 모습을 본다. 나도 음식 만드는 일을 좋아하고 요리하는 시간이 행복하다. 다식과 호박죽 등을 만들어 친한 사람들을 초대하여 함께 먹고 나눈다. 나눔은 행복이다. 또 다른 복을 가져다준다.

나의 외모나 성격은 아버지를 많이 닮은 것 같다. 아버지는 마음이 여리고 착한 분이었다. 손재주가 뛰어났다. 문살이나 장롱, 집을 잘 지었다. 인근에서 알아주는 대목수였다. 하지만 남의 집을 짓게 되면 나쁜 건축재를 쓰지 못했다. 좋은 재료만 사용해서 지어주고, 인부들 인건비 지급하고 나면 본인 몫은 남지 않을 때가 많았다고 했다.

초등학교 2학년 때 아버지가 운영하던 기와 공장이 망해서 외갓집 문간방으로 이사갔다. 초등학교 앞이라 엄마는 구멍가게를 하면서 국화빵을 구워서 팔았다. 철없는 나는 소풍 갈 때면 사이다와 과자를 많이 챙겨 갔다. 친구들과 나눠 먹는 일을 좋아했다. 점심시간에는 친한 친구들을 집으로 데리고 와서 점심을 같이 먹기도 했다. 외로워서 친구들의 환심을 사고 싶어서였던 것 같다.

성격이 소심해서 많은 친구를 잘 사귀지 못했다. 친한 친구들하고만 놀았다. 학교가 끝난 오후에는 교실에 혼자 남아서 책을 읽었다. 우리 학급에 있는 책을 모두 읽고 옆 반 교실의 책도 읽었다. 초등학교 때는 글을 잘 써서 내 일기장이 복도에 걸려있기도 했다. 상장을 모아둔 파일 집에는 초등학교 때 받은 상장들이 많다. 그중에서 글쓰기, 글짓기 상장이 많은 걸 보면 작가가 될 소질이 조금은 있었던 것 같다. 다섯 살 때쯤, 엄마 따라 밤에 마실을 갔다. 잠이 들어 엄마 등에 업혀서 돌아오다 하늘에 떠 있는 초승달을 보고 "엄마, 손톱달이 왜 자꾸 우리를 따라오지?"라고 물었다고 했다. 어릴 때부터 사물을 예사로 보지 않고 또래에 어울리지 않은 말을 잘했다고 했다.

엄마는 건강이 좋지 않았다. 자주 하는 말이 "막내 시집가는 것 보고 죽겠나"였다.

가정 형편 때문에 나는 상업계 고등학교에 가야 했다. 빨리 취직해서 돈을 벌어야 했다. 국문과나 가정과에 지원하고 싶었는데, 4년제 대학에 갈 형편이 아니었다. 그나마 교육대학이라도 갈 수 있었던 것은 엄마 덕분이었다. 엄마는 말이 적고 의지가 강한 분이었다. 난관에 부딪히면 헤쳐 나가는 것은 엄마의 몫이다. 이웃에 사는 이모부는 "대학도 못 보낼 거면서 여자애를 인문계 학교에 보내려 한다."고 야유 섞인 말을 했지만, 엄마는 대꾸도 않고 나를 진주에 있는 고등학교로 유학 보냈다.

2년제 교육대학을 졸업하고 돈을 벌어서 빨리 시집가는 것이 부모에게 효도라고 생각했다. 나의 대학 시절은 방황의 시간이었다. 오르간 연습실에만 가면 두통이 오고 각종 예체능 과목은 적성에 맞지 않아 무척 힘들었다. 비가 오는 날이면 학교 가던 발걸음을 진주역으로 돌렸다. 경전선 순천행 비둘기호 완행 기차를 탔다. 목적 없이 헤매고 다녔다. 하동 쌍계사나 순천 송광사에 자주 갔다. 저녁 어스름 때 절간에서 올라오는 연기를 보면 마음이 편해졌다. 내가 가야 할 또 다른 길이 있다면 그건 스님이 되는 것이라는 생각을 했다. 결론을 내리고 절로 들어가려고 했지만, 나 때문에 절망할 엄마를 생각하니 도저히 용기가 나지 않았다.

헤매고 다니다 보니 졸업 때 성적은 꼴찌에 가까웠다. 졸업 뒤 바로 발령이 나지 않았다. 1년을 꼬박 놀고 다음 해 후배들과 함께 발령이 났다. 자존심도 상하고 창피하기도 했지만 제일 마음에 걸리는 것은 엄마였다. 살면서 그때가 엄마에게 제일 죄송했다. "공부 잘한다는 소문만 나고 남부끄럽다. 이게 뭔 꼴이냐?" 그 말에 나는 아무 대꾸도 못 하고 고개 떨구었다.

　방학이나 휴일에 거의 집에 가지 않고 여행을 다녔다. 엄마가 무척 기다렸을 텐데 그때는 그 마음을 헤아리지 못했다.
　발령받고 1년 후에 결혼했다. 결혼하고는 애들 키우고 내 생활에 바빠서 자주 찾아가지도 못했다. 적은 월급에 빨리 집 사고 싶어서 저축한다고 경제적 여유도 없었다. 좁은 집에 시어머니와 같이 살았다. 어쩌다 아버지가 우리 집에 오시면 점심 식사하고 곧바로 집으로 가셨다. 하룻밤 주무시지도 못하고 가시는 뒷모습이 아직도 눈에 아른거린다. 조금 더 큰 집으로 이사를 하고 보니 부모님은 이미 이 세상에 없었다. 엄마는 69세에 아버지는 80세에 세상을 떠나셨다. 막내라 부모님과 함께 한 시간이 짧았다. 내가 부모가 되고 부모님 마음을 조금이나마 헤아릴 즈음엔 부모님은 우리 곁에 없다. 우리를 위해 언제까지 기다려 주지 않는다. 살아계실 때 전화라도 한 번 더 했더라면 하는 후회하는 마음만 가득하다.

10

장군 같았던 엄마가 그리워요

조희숙

나는 딸 부잣집 막내딸이다. 언니가 넷, 남동생이 둘이다. 엄마에게 아들딸 차별 말라고 늘 외치던 딸이었다. 내가 태어난 날 엄마는 나를 아랫목에 밀쳐놓고 돌아누워 버렸다고 했다. 배고파 우는 나를 엄마 품에 안겨주고 아버지는 밖으로 나가 막걸리에 흠뻑 취해 집에 왔다고 엄마가 들려주었다. 2년 후 남동생이 태어났다. 터 잘 판 딸이라고 아버지는 나를 예뻐했고 목말 태워 이리저리 다녔다 했다. "내가 아들을 낳을 때가 다 있다니 그때는 꿈만 같더라, 기저귀도 안 채우고 키웠어." 입가에 환한 미소로 자랑스럽게 말하던 엄마 옛날이야기를 자주 들었다.

아버지에 대한 기억이 거의 없다. 내가 다섯 살 때 우리 곁을 떠나셨으니, 아버지의 사랑을 기억하기엔 내가 너무 어렸다. 엄마는 서른여덟 나이에 과부가 되었다. 뱃속엔 막내 남동생이 있었다. 아빠를 본 적도 없는 유복자다. 올해 은행지점장으로 퇴직한 자랑스러운 동생이다. 엄마는 장남에게 집안의 모든 일을 의논하고 아들들만 곁에 있으면 안심했다. 남동생들 덕에 자식으로서 해야 할 일은 조금은 줄었다.

7남매 도시락을 챙겨야 하는 엄마의 아침은 분주했다. 도시락을 받아 가려고 부엌문 앞에서 기다리고 있었다. 그런 나를 보면서도 엄마는 늘 아들 도시락을 먼저 챙겼다. 삐쳐서 도시락도 없이 돌아서 나갔다. 엄마는 대문 앞 전봇대까지 뛰어나와 내 손에 도시락을 꼭 쥐어 주었다.

두 살 아래 남동생은 한 살 빨리 학교에 들어가 나와는 한 학년 차이다. 엄마는 공납금도 아들을 먼저 주었다. 나는 반에서 거의 마지막으로 내야 해서 내 이름이 불릴까 불안했다. 학교도 가기 싫었다. 언니들은 당연하게 생각했던 일들을 나만 유별나게 굴었다. 안 그래도 힘든 엄마를 내가 더 힘들게 했다. 고등학생이 된 후 엄마 고생하는 모습에 더는 불평하지 않았다. 아들을 좀 더 챙긴 건 사실이지만, 7남매를 힘들게 키운 엄마에 대한 사랑과 감사함은 어떤 말로 대신 할 수 없다.

엄마를 생각하면 갑옷 입은 장군과 선녀의 모습이 동시에 떠오른다. 엄마는 미인이었다. 시집올 때 엄마가 피부가 희고 고와서 인형 같았다고 고모들이 자주 이야기했다. 오랜 세월 같이한 동네 아주머니들도 엄마가 영화배우보다 예쁘다고 칭찬하는 소리를 많이 들었다. 괜히 기분이 좋아 어깨가 으쓱해지곤 했다. 집안 행사가 있을 때면 장롱 속에 넣어둔 한복을 차려입었다. 얼굴에 뽀얀 분 바르고 입술 화장도 붉게 했다. 그렇게 집을 나서는 엄마의 모습은 동화책에 나오는 선녀 같았다.

그런 엄마는 남편 없이 7남매를 키우기 위해 장군 같은 모습으로 살아야 했다. 엄마는 생선가게를 했다. 동생들과 신작로에서 장사를 끝내고 돌아오는 엄마를 기다렸다. 동생들 손 꼭 잡고 엄마가 오는 쪽을 바라보고 서 있었다. 나도 어렸지만 아빠도 없이 엄마를 기다리고 있는 어린 동생들이 가여웠다.

어린 시절, 친구들은 나를 주인집 딸로 불렀다. 사업 수완이 좋았던 엄마 덕분이다. 생선 장사로 번 돈으로 집을 늘려 방 몇 칸을 세도 놓았다. 이집 저집 옮겨 다닐 걱정이 없었다. 그것만으로도 참 감사한 일이다. 엄마는 자식들에게 인자했지만 엄했다. 항상 우애 좋게 지내라고 했다. 콩 하나라도 나누어 먹어야 한다고 가르쳤다. 그런데도 가끔 일어나는 의견 차이의 중재는 내가 잘했다. 엄마는 그런 나를 칭찬하셨다. 순한 언니들, 착한 동생들 덕분이었다. 식구들이 많다 보니 질서와 배려는 늘 생활 속에 있었다. 각자의 몫을 해야 했다. 매사에 성실하게 임하는 태도는 그런 환경에서 만들어진 내 인생 최고의 무기가 되었다.

내가 태어나고 자란 집은 시집갈 때까지 지낸 한옥이다. 집 마당에는 꽃이 가득했다. 장미꽃 나팔꽃 접시꽃들 계절마다 엄마의 솜씨로 풍성하게 꽃밭을 만들었다. 뭐든지 척척 해내는 우리 엄마 솜씨이다. 쉴 새 없이 일하는 엄마를 위해 빨리 취직해서 돈을 벌고 싶었다. 졸업 후 나는 은행에 취직했다. 조금씩 모은 적금과 퇴직금을 결혼할 때 엄마에게 선물로 주었다. 엄마는 내게 미안해했고 고마워했다.

결혼하고 일하며 아이들 키우고 살림하느라 늘 바쁘고 힘든 날들이었다. 일일이 나의 사회생활에 간섭하는 남편 때문에 숨이 막혔다. 말다툼이라도 하고 엄마한테 하소연하면 늘 나를 나무랐다. 출가외인이라는 이유로 한 번도 내 편이 되어주지 않았다. 나도 엄마 걱정할까 힘든 이야기를 자주 하지 않았다. 결혼 10년째 되는 날 남편과 크게 다투었다. 그날 밤늦게 엄마에게 전화했다. "엄마는 왜 나만 참으라고만 해요. 인제 더는 못 살겠어요." 다음 날 새벽 첫차를 타고 엄마는 우리 집으로 왔다. 사위에게 호통을 치시고 달래기도 했다. 내 손을 잡고 어린 자식들 봐서라도 참고 살라고 했다. 눈물로 엄마를 보낸 후론 두 번 다시 그런 일로 전화한 일은 없다. 늘 자식들 일에 노심초사 한평생 사신 엄마의 인생을 생각하면 내 눈가에 또 눈물이 맺힌다. 결혼하고 자식을 낳고 길러보니 우리 엄마는 대단하다. 살아가면서 힘이 들 때면 엄마를 생각하면서 이겨냈다.

엄마가 하늘나라로 소풍 가신 날, 엄마의 유품을 정리했다. 일기장이 눈에 들어왔다. 아들 따라 서울에 가서 지낸 날들의 기록이 있었다. 다른 자식들을 그리워하는 글들도 눈에 띄었다. 동생이 숙제처럼 내준 성경책 사경 묵주도 보였다. 엄마가 보내온 인생이 그곳에 있었다.

늘 그리워했던 엄마 친정집인 상주 낙동에도 모시고 가려고 했었다. 꽃 좋아하는 엄마와 꽃구경도 가고 싶었다. 손잡고 다니며 할 이야기도 많았다. 바쁜 일 끝내고 애들 조금만 더 크면 함께하자 기다리라고 했다. 늘 사랑하고 존경하는 엄마에게 '사랑한다.'라는 말 한번 제대로 못 했다. 떠나고 나니 드는 후회로 어떤 것도 할 수 없다. 허공을 향해 한번 소리쳐 본다.

"엄마! 많이 사랑했어요! 엄마가 내 엄마여서 나는 엄마 딸이라 행복했어요."

나는 엄마에게 어떤 딸이었냐고 제대로 한번 물어보고 싶다.

제2장

인생의 동반자를
만나다

01

남편 좀 사가세요. 공짜입니다

구영애

 툭하면 잘 삐지는 남편! 참 데리고 살기 힘들다. 남편은 20살 대학 신입생 환영회에서 나를 보고 한눈에 반했다고 한다. 친구들과 무리 지어 다니며 내 이름을 불렀다. 졸졸 따라다녔다. 주위에 다른 남자는 얼씬도 못 하게 했다. 난 좋아하던 오빠가 있었다. 남편의 훼방으로 세 번 정도 만나다가 그만두었다. 남편은 어디서나 넉살이 좋았다. 부모님 집에 찾아와 밥도 자주 먹었다. 엄마는 자취하는 남편에게 김치도 한 통씩 싸주었다.

 남편은 해병대를 지원하고 힘들게 군 생활을 했다. 제대하고 찾아왔는데, 뼈만 앙상하게 남고 피부는 햇볕에 타서 까맸다. 안쓰러웠다. 그런 남편을 보니 마음이 약해졌다. 남편에게 마음을 열었다. 제대 후 연애를 시작했다. 대구와 포항을 오가며 만났다. 하루도 못 보면 큰일이라도 나는 줄 알았다. 그렇게 9년을 만나고 결혼했다.

 남편은 직장인보다는 작게라도 장사를 하고 싶어 했다. 견문을 넓혀야 한다며 해외 출장을 자주 다녔다. 미국에서 쌍둥이 빌딩이 무너지는 날 어디 있는지 연락이 안 돼 속을 까맣게 태웠다.

　농·수산물을 취급하는 무역업을 시작했다. 아들이 돌이 되는 해 갑자기 파인애플 더미가 시댁 마당에 한가득 쌓였다. 적절한 시기를 맞추지 못한 것이다. 아버님은 썩어가는 파인애플을 치우며 다시는 파인애플 안 먹겠다고 했다. 남편의 사업은 어려워지기 시작했다. 하는 일마다 계속 잘 안됐다. 멈추지 않고 새로운 일을 계속 벌였다. 중독이라도 된 듯 질주하고 있었다. 더 이상 버틸 수가 없었다. 또다시 무모한 사업에 투자하면 이혼하겠다고 엄포를 놓았다.

　나는 아들이랑 기저귀 가방만 챙겨 포항에서 대구로 내려왔다. 친정에서 지냈다. 한 달쯤 지났을 때 남편은 찾아왔다. 착실하게 직장 생활을 하겠다고 했다. 월세 단칸방부터 다시 시작했다. 20개월이 막 지난 아들은 친정 할머니와 엄마가 키워주셨다. 나도 일을 시작했다. 남편에게 힘을 보태고 싶었다. 일주일에 한 번 아들 보러 친정으로 갔다. 헤어질 때 엄마를 안 보내려는 아들을 두고 나오느라 힘들었다. 아이도 나도 눈물 흘리며 울었다. 온 가족이 고생하며 도와주었다. 덕분에 아들 초등학교가 바로 앞인 아파트로 집도 사고 여유도 생겼다. '아 이제 한숨 돌리는구나!' 했다.

　아들이 초등학교 2학년이 되었다. 남편은 베트남 가서 일해야 한다고 했다. 마지막으로 믿어 달라고 애원했다. 베트남으로 떠난 남편은 일 년에 서너 번 한국에 왔다. 사업은 그런대로 잘 되는 것 같았다. 공장엔 베트남 현지 직원 1,000여 명 있었다. 아들 데리고 베트남으로 한번 가겠다고 했다. 물이 안 좋아 배탈 난다며 절대 오지 말라고 했다. '아 로!' 베트남 인사말이 너무 예뻤다. 남편은 매일 아 로! 하며 전화했다. 그리워하는 날들을 보냈다. 어느 날 남편의 카카오톡 프로필에 다섯 살 정도의 여자아이 사진이 있었다. 혼자 상상을 했다. 남편에게 물어보았다. "그냥 불쌍한 아이야."라고만 대답했다. 더 이상 물어보지 않았다. 지금도 가끔 생각난다. 그때 그 여자아이는 누구며 잘 지내고 있을까?

베트남에서 남편이 집에 오면 왜 이리 불편하고 어색할까! 남편 없이 혼자 지내는 것이 편해지기 시작했다. 아이를 키우며 일도 해야 했기 때문에 언니가 사는 아파트 같은 동으로 이사했다. 큰언니는 방과 후 아들을 학원도 보내고 먹이고 씻겨주었다. 아들과 둘이 지내는 것이 익숙해졌다.

어느 늦은 밤 베트남에서 남편이 전화했다. 왠지 불길한 느낌이 들었다. 베트남 은행 자금에 문제가 생겼다고 했다. 사채를 조금 썼는데 돈을 갚지 않으면 목숨이 위험할 수 있다고 했다. 남편의 목소리가 떨렸다. 베트남으로 보내야 할 금액이 너무 커서 시댁 어른들과 상의해 돈을 마련했다. 그것으로 끝나지 않았다. 결국 남편은 모든 걸 포기하고 야반도주를 선택했다. 무사히 한국으로 돌아온 남편이 반가웠다. 동시에 '아! 인제 어쩌지.' 막막했다. 남편을 보며 애써 씩씩하게 말했다.

"여보 괜찮아 돈은 또 벌면 되지 당신이 이렇게 살아 돌아와서 다행이야. 당분간 아무 생각 하지 말고 푹 쉬어!"

이 말밖에 해줄 수 없었다. 나도 이렇게 막막한데 본인은 어떨까? 공장에 1,000명 되는 식구들 월급도 다 못 주고 왔다며 많이 괴로워했다.

갱년기 남편은 미스터 션샤인, 도깨비 같은 로맨스 드라마를 몇 번이나 돌려 보며 눈물을 주룩주룩 흘린다. 일 년에 서너 번 만나다가 매일 같이 있다 보니 불편했다. 서로 안 맞아 많이 싸웠다. 그래도 없는 거보다는 낫겠지 하고 참으며 지금까지 잘 버텨 왔다. 요즘 진짜 남편 돈 주고 팔고 싶다.

남편 잔소리로 머리가 어질어질해진다. 지금 우리는 정말 사소한 사건에도 서로 삐지기 대회 하는 것처럼 각자의 갱년기를 보내고 있다. 배달 온 치킨 식기 전에 먹어야 하는데 내가 빨리 안 나온다고 삐짐, TV 리모컨 자꾸 돌린다고 삐짐, 운전 중에 혼자 다른 이야기 한다고 삐짐, 청소했는데 어지른다고 삐짐, 통화 중에 목소리 별로라고 삐짐, 왜 이리 자주 삐지는지 나도 더 이상 참을 수가 없다.

그런데도 내가 조금이라도 웃어주면 삐짐은 잠시 접어놓고 세상 행복한 눈빛으로 좋아한다. 내 남편 참 쉬운 사람이다. 그리고 남편은 과일 중에 파인애플을 제일 좋아한다. 마트 가서도 가장 먼저 장바구니에 담는 건 역시 파인애플이다.

"이런 남편 누가 좀 사세요! 공짜로 드릴게요."

몇 년 전 골프를 함께 시작했다. 내가 구력이 높다. 누가 봐도 내 공이 더 멀리 날아가는데 자꾸 나를 가르치려고 한다. 그런데 이상하다. 남편이 자세를 봐주면 공이 잘 맞는다. 이제 우리 부부 50살, 아직 50년을 함께 해야 하는데 서로를 조금 더 이해하려고 노력 중이다. 잘 삐지는 남편은 칭찬이 약인 듯하다. 오늘도 자기한테 관심 좀 달라고 한다. 사랑도 좀 달라고 한다. 출근길엔 꼭 안아 주려고 매일 노력 중이다. 오늘은 커플 잠옷을 사 왔으니 같이 입자고 한다.

"아니 내 건 반품시켜!"

이렇게 말해버렸다. 그러지 말 걸 하고 바로 후회했다. 집에 와서 남편에게 말했다.

"여보! 천이 보들보들하네! 잠 잘 오겠다. 고마워"

남편을 만나 힘든 일도 많았다. 하지만 돌이켜 보면 남편 때문에 소소한 즐거움을 여러 번 느끼며 행복한 시간을 보낸 것 같다. 행복은 강도가 아니라 빈도라고 한다.
나는 세상을 1초 만에 바꾸는 방법 찾았다. 내 생각을 바꾸기로 했다. 우리 부부의 소확행(작지만 확실한 행복)을 위해 오늘도 수행 중이다.

02
도배
권경희

밤 열한 시쯤 현관문을 열고 캐리어를 집안으로 밀어 넣었다. 눈이 부셨다. 거실이 온통 하얗다. 발을 동동거리며 남편을 꼭 안았다. 등을 마구 두들겼다. 남편이 "아야야" 하며 몸을 비틀었다.

"어머머, 당신 도배한 거야?"
"어떻게 혼자 이걸 다 했어. 너무 힘들었지!"
"정말 생각도 못 했어. 깔끔하다. 예쁘다. 고마워."

나는 말만 하는 아내다. 집을 온통 하얀색으로 바꿨으면 좋겠다고 늘 말했다. 생각만 하고 시작은 못 하고 있었다. 내가 여행 간 사이에 남편은 나를 위한 선물을 준비하고 있었다.
24년 1월, 보름간 여행을 다녀왔다. 남편은 살이 2킬로그램이나 빠져 있었다. 몸도 마음도 바빴을 거다. 영상통화를 하자고 할 때마다 남편이 핑계를 대며 어렵다고 했다. 아들딸 사위에게도 절대 말하지 말라고 몇 번이고 당부했단다. '와이프 여행 간 사이에 도배 해주는 남편 있으면 나와 보라고 해요!'

다름을 서로 인정해야 한다. 친구 소개로 남편을 만났다. 연애할 때 남편은 약속이 있는 날이면 꽃을 한 아름 안고 왔다. 내가 좋아하는 가나 초콜릿도 기억하고 늘 사주었다. 지금도 가끔 초콜릿을 식탁 위에 올려놓는다. 세심하고 다정다감해서 좋았다. 만난 지 6개월 만에 약혼했다. 우리가 살 아파트를 분양받고 두 달 뒤 결혼했다. 생활 습관과 성격은 맞춰가며 살면 될 거야 생각했다. 결혼하고 보니 다른 게 많았다. 서로의 다른 모습을 인정하지 않았다. 자주 싸웠다. 상처가 생겼다. 살아온 환경, 짧은 연애 기간, 모든 게 이유였다. 힘들었다. 싸우고 나면 계속 살아갈 수 있을지에 대한 확신이 없었다. 친정엄마에게는 말할 수 없었다. 시어머니에게 모두 말했다. "그놈이 나쁜 놈이네." 언제나 내 편 들어 주었다. 어떤 일에도 나를 나무라지 않았다. 덕분에 어려운 시간을 지혜롭게 잘 넘겼다.

일밖에 모르는 아내였다. 아들은 초등학교 4학년, 딸은 다섯 살이었다. 일을 찾고 있던 나에게 아는 언니가 백화점 일을 권했다. 하겠다고 했다. 저녁 8시 반까지 일해야 했다. 남편은 반대했지만, 일하고 싶어 남편을 설득했다. 아이들을 돌보는 것이 걱정이었다. 돌봐줄 사람을 구했다. 남편이 퇴근하고 아이들을 맡기로 했다. 매장에 행사를 준비하는 날은 10시가 넘어 집에 들어갔다. 늦은 시간까지 아이들 돌보는 일을 힘들어했다. 남편은 그런 일이 있을 때마다 일 그만두면 어떻겠냐고 물었다.

　하지만 나는 일이 너무 좋았다. 꿈을 포기할 수 없었다. 남편은 내가 집에 늦게 들어오는 것이 싫다고 했다. 마감 이후 일들은 직원에게 맡기고 너무 늦지 않으려고 노력했다. 직원들과 본사 바이어와 회식이 있는 날은 난 언제나 신데렐라였다. 매장 마치는 시간이 여덟 시 반이다. 회식 장소에 모여 앉으면 시간은 아홉 시 반이 가깝다. 세팅해서 시원한 소맥 한 잔을 마신다. 금방 열한 시다. 벌떡 일어난다. 자정이 되기 전에 집에 들어간다. 그때 친구들 만나면 넌 아직 신데렐라냐고 묻는다. 물론 지금은 아니다.

　가족을 위해 최선을 다했다. 그랬기에 일을 계속할 수 있었다. 일을 시작하면서 모두 잘하겠다고 약속했다. 주부와 사업가의 역할을 해내야 했다. 늘 바쁜 아내였다. 로드 매장을 운영하면서 2017년에 아울렛 매장을 또 오픈하게 되었다. 매장을 오픈하고 일주일쯤 지났을 때이다. 남편 목소리가 잠결에 들렸다. 너무 피곤해서 바로 눈을 뜨지는 못했다. 또다시 남편이 '내가 왜 이러지.' 했다. 눈을 떴다. 새벽 한 시였다. 119로 바로 전화했다. 경북대병원으로 갔다. 의사가 나에게 뭐라고 설명했지만, 귀에 맴돌기만 하고 뭐라고 하는지 알아들을 수 없었다. 하얀 종이에 사인했다. 기도밖에 할 수 없었다. 긴 밤은 지나갔다. 골든타임을 넘기지 않고 병원에 도착했다고 했다. 중환자실에 3일 있다가 일반병동으로 가서 한 달 있었다. 매장이 바쁜 걸 아는 남편은 혼자 할 수 있으니, 병원에 안 와도 된다고 했다. 퇴근하고 열 시쯤 잠깐 보거나 출근 전 들러 얼굴 보는 게 다였다. 자주 가지 못했다. 남편은 괜찮다고 했지만 지금도 그때의 일이 미안하다. 늘 일하는 아내를 배려 해주는 남편이다. 완쾌되어 퇴원했다. 바쁘게 일하는 아내를 잘 맞춰준다. 고맙다. 사업을 하면서부터 남편과 대화하는 시간도, 함께 보내는 시간도 많이 가지지 못했다.

10년 전부터 지난 시간 보상하듯 여행하고 있다. 시작은 서부 지중해 9박 10일 크루즈 여행이었다. 7월의 유럽은 뜨거웠다. 그 더위에도 두 손 꼭 잡고 다녔다. 신혼여행 온 듯 즐거웠다. 24시간 함께하니 다투기도 했다. 이렇게 시작해서 매년 크루즈 여행을 떠나게 되었다. 어떤 여행이 가장 좋았냐고 물으면 지중해 크루즈라고 답한다. 코로나로 매장에 손님이 줄어 오랜만의 여유를 누렸다. 위기는 언제나 새로운 기회를 준다. 제주도를 좋아하는 우리는 매달 갔다. 50년 이상 인생 살아오다 보니 일과 여가를 나눌 줄 알게 되었다. 어려울 땐 잠시 내려놓고 할 수 있는 것 하면서 기다리면 된다.

2022년 11월이었다. 아침에 일어나니 다리가 아파서 움직일 수가 없었다. 병원에 갔다. 여러 병원 다녀도 병명을 알 수가 없었다. 통증은 점점 심해졌다. 병원마다 주는 약을 한 주먹 쥐고 먹으며 나아지기를 기다렸다. 그것말고는 할 수 있는 것이 없었다. 30년 가까이 휴일도 없이 일하던 나였다. 3개월 동안 집에만 있었다. 남편은 출근했다가 바로 들어왔다.

"여보. 바쁘고 늦게 들어와도 일하는 게 훨씬 낫지? 집에 이러고 있으니. 애가 쓰이고 싫지?"

"그래도 당신이 집에 있으니까 난 좋아."

기가 막힌다. 이 상황에 난 뭐라고 해야 하나. 웃었다. 아픈 것만 다 나으면 같이 시간 많이 보내자고 했다. 남편도 바쁜 아내 때문에 많이 외로웠구나. 3개월 만에 병명을 찾았다. '심부전 하지정맥 혈전증.' 처방하는 약을 먹으며 일을 시작했다.

아이들이 성인이 되고 나이가 들어가면 시간이 많아지는 줄 알았다. 그래서 젊은 날을 바쁘게 살았다.

60이다. 더 바쁘다. 하고 싶은 거 배우고 싶은 것이 여전히 많다. 다시 바쁜 아내가 되었다. 남편에게 한 약속을 지키지 못하고 있다.

며칠 전 친구 부부와 4년 만에 1박 2일 여행을 갔다. '경희야, 해권 씨 많이 바뀐 거 같아.'하며 말했다. 35년 살다 보니 내 목소리가 더 커졌다. 모든 일에 '그래' 해주는 남편이 되었다. 딸 아들 결혼시켰다. 부모의 책임을 다했다며 지인들이 우리 부부를 부러워한다. 가장 잘한 일인 듯하다. 보내고 나니 허전하기도 하지만 남편은 둘이 있으니 좋기도 하단다. 신혼 때 이후로 처음 아닌가. 집안일을 더 많이 도와준다.

긴 세월 부딪치며 다름을 인정하고 배려하며 세모가 둥글게 원이 되었다. 맞벌이했기에 경제적인 여유는 있었다. 노년에 제주도에서 살자며 준비도 했다. 상가 월세는 연금이다. 일을 포기하고 주부로 살았어도 후회는 남았겠지. 내가 남편을 선택했고 일이 좋아 30년째 하고 있다. 언제나 내 선택은 최선이고 최고다. 뭔가를 함께 하자고 하면 늘 "괜찮아"가 먼저 나오는 남편이랑 살고 있다. '괜찮아'는 남편만의 배려와 겸손의 표현이다. 결혼생활을 하며 서로의 언어가 다름을 알아차려야 한다. 30년 넘게 살아보니 이제 통역 없이 말을 알아들을 수 있게 되었다. 이제는 괜찮다고 해도 세 번은 꼭 물어본다. 다름을 인정하고 받아들인다. 그러면 매일 행복할 수 있다.

03

부부, 서로의 응원군

김경량

"같이 농사지으러 갈래?"

10년을 사귀는 동안 그런 눈빛을 본 적이 없었다. IMF 때였지만 우리 회사는 오히려 잘 나가는 중이었다. 나는 뜸도 들이지 않고 "고"를 외쳤다. 평소의 나라면 머뭇거렸겠지만 의외로 큰 결정 앞에 과감하다.

우리는 캠퍼스 커플이다. 2학년 축제 기간에 떠난 MT에서 장난 주고받다가 연애를 시작했다. 둘 다 1학년 때 짝사랑의 쓴맛을 본 처지였다. 있지도 않은 배꼽 밑의 털이 우리를 인연으로 엮었다. 3학년 때 그는 군대에 갔다. 그때부터 장거리 연애를 했다. 나는 졸업하고 서울에서 일했다. 한국에서 완구를 주문받아 중국에서 만들고 해외에 수출하는 일을 했다. 언젠가 나도 내 사업을 할 수 있지 않을까 꿈도 꾸었다.

군대 제대한 남편은 졸업하고 부산에서 취직했다. 서울·부산을 오가며 데이트했다. 경부선의 중간쯤인 영동역에서 만나고 헤어지기도 했다. 영동선 역장은 한적한 역내의 두 남녀가 상행선 하행선인 것을 안타까워했다. 취직한 지 얼마 지나지 않아 외환위기를 맞고 남편은 일하던 직장을 나왔다. 8개월 동안 일자리를 열심히 찾았다. 실직자들이 쏟아지던 때였고 취직은 힘들었다. 한동안 연락이 없다가 비장한 얼굴로 나타났다. 사귀는 동안 볼 수 없었던 눈빛으로 귀농을 물었다. 생각해 보겠다고 말할 수 없었다. 다음 날 바로 사직서를 냈다.

결혼과 동시에 시골로 내려왔다. 시부모님은 당신들은 농사지으며 살아도 힘들게 공부시킨 아들은 도시인으로 살기를 바랐다. 농부의 꿈은 내게서 통과하지 못할 거로 생각했다. 가족들은 결혼과 귀농 두 가지 모두 동의하는 나에게 놀랐다. 결혼에 대해 진지하게 생각해 본 적 없었다. 하게 된다면 이 남자이지 않을까 했다. 우린 긴 연애 끝에 한집에 살게 됐다. 10여 년이라는 시간은 분명 힘이 있었다.

해 뜨면 일어나 일터로 나가고 해 지면 돌아왔다. 전원일기에서 보던 농부의 삶을 살았다. 둘이 함께 집을 나서고 같이 돌아오는 것이 좋았다. 자고 일어나면 한 뼘씩 자라있는 고추를 보러 갔다. 출근길은 설렜다. 시설하우스 한 동에 고추를 심었고 이듬해에 한 동을 늘여 규모를 키워 갔다. 첫 하우스 옆에 두 번째 하우스의 철근 하나하나 손을 맞잡고 꽂았다. 그렇게 농사의 규모가 조금씩 늘어 갔다. 처음 해보는 밭일도 재밌었고 수확하는 기쁨도 컸다. 하루 종일 고추를 따고 잠자리에 누워 눈을 감으면 주렁주렁 달린 고추들이 밤하늘별처럼 쏟아졌다.
　큰아이가 태어난 후에는 나는 일꾼들 밥과 새참을 준비했다. 고추 수확할 때면 아이를 등에 업고 10인분이 넘는 밥과 반찬을 해서 날랐다. 아이를 데리고 고추를 선별했다. 고추 맛을 본 아이의 매운 울음에도 그저 좋았다. 둘째를 낳고 아프지 않았다면 쭉 농부로 살지 않았을까 싶다.

　큰아이가 기어다닐 때쯤이었다. 친한 이웃이 초등학생 딸을 데리고 왔다. 중국어를 가르쳐 달라고 했다. 나는 학생이 만든 선생이다. 작은 시골 마을에 대졸 농부가 귀농한 이야기는 모르는 이가 없었다. 귀농하면서 더는 중국어 쓸 일이 없을 줄 알았다. 나는 중문과를 졸업했다. 건강이 나빠져 농사일을 못 하면서 선생은 나의 본업이 되었다.
　남편은 "고마 하고 싶은 거 하고 살아라." 했다.
　나는 여행도 다녔다. 친구가 하는 여행사의 단체여행 인솔을 했다. 중국어를 가르치며 중국 구석구석을 다녔다. 인생 계획에 있었던 일은 아니지만 신나고 재미있었다. 단체를 인솔한다는 생각보다 나도 여행한다고 생각하고 다녔다. 내가 즐기면서 다닌 여행이라 그런지 손님들의 만족도가 높았다. 여행일로 집을 비우는 동안 남편은 농사일, 아이들 돌보는 일을 잘해주었다. 여행에서 만나는 이들은 하나같이 남편의 외조를 높이 샀다. 남편 덕에 마음 편히 일할 수 있었다. 남편에게 고맙다.

그리고 지금은 동네에서 아이스크림 매장을 하고 있다. 매장 안쪽에 나의 공간이 있다. 거기서 나는 일상을 쓴다. 그림도 그리고 기타도 친다. 학생들이 오면 선생도 한다. 완벽한 놀이터다. 30여 년 전 내가 남편의 농부 꿈을 함께 꾸었던 것처럼 남편은 지금 나의 꿈을 응원한다.

둘째 아이가 두 살 때 시어머니가 돌아가셨다. 시아버님과 경운기를 타고 가다 사고가 났다. 아버님의 운전미숙이었다. 암 투병 중이던 시아버지도 어머니 따라 8개월 만에 우리 곁을 떠나셨다. 어머니는 품이 깊고 넓은 분이다. 도시에서 나고 자란 며느리가 눈에 안 찼겠지만 따뜻하게 품어 주셨다. 며느리가 부르는 아들 호칭이 맘에 안 들어도, 9년을 친구였는데 금방 '여보, 당신' 하겠냐며 '그자! 경량아' 했다.

딸을 시골로 시집보낸 사돈에게 해마다 햅쌀을 찧어 보내 주시던 어머니였다. 시누이들과 어머니의 모습을 보며 나도 엄마와 저렇게 지내고 싶다고 생각했다. 가족 모두 어머니를 많이 따랐고 의지했다. 나도 남편도 마찬가지였다. 막내였던 남편은 어머니를 많이 그리워했다. 30대에 부모님이 다 돌아가시면 어떤 느낌일까? 남편을 보면 슬픔의 깊이를 상상하기 어려웠다. 우리는 이사했다. 새로운 환경과 몰두할 취미가 필요했다. 남편은 3년이 지나고서야 엄마 생각이 매일 나지는 않는다고 했다.

휴대폰 1번을 꾹 누르면 셋째아들에게 전화가 연결된다. 남편이다. 친구 같은 아내가 되기를 바랐다. 부부라서 꼭 해야 하는 것보다 친구라서 할 수 있는 것이 많은 사이가 되고 싶었다. 우리는 혼자만의 여행을 서로에게 허락했다. 주말도 없이 일하는 농부 남편에게 필요한 시간이다. 시간이 지나면서 친구보다는 막내아들에 가까운 대우를 하고 있다. 셋째는 농한기가 되면 낚시터에서 산다. 농사 기간에 못 간 여행도 간다. 나는 혼자인 시간이 많아졌다. 그래서 대만으로 혼자 한 달 살기를 떠났다. 홀로 있어도 외롭지 않은 사람이 되고 싶었다. 자신과 잘 지내야 남편과도 아이와도 타인들과도 잘 지낼 수 있다. 그렇게 생각한다. 버킷리스트라 써놓고 '실행하지 못할 꿈'이라 읽지 않아도 된다. 가족들이 배려한 덕분이다.

우리는 가끔 나란히 누워 10년 연애 시절을 이야기하며 키득거린다. 군대 가는 한 송이 국화꽃을 위해 다섯 소쩍새가 울었다는 시누이의 편지 이야기. 좋다고 따라다니던 그는 지금 잘 사는지. 여친 있는 남자 선배를 짝사랑하던 그 여자 후배는 지금 어디 사는지. 둘째 낳고 산모가 죽을지도 모른다는 의사의 말에 응급실 밖에서 울었다는 이야기. 새해 첫해를 보러 갔다가 아들의 누런 똥 시중만 든 이야기로 날이 새기도 한다. 30년이 넘는 시간에 쌓인 추억들은 어느 시트콤보다 재밌다. 우리는 서로를 응원하는 오래된 친구 같은 부부로 산다.

04

시골을 좋아했던 마냥 철부지

김수하

 어릴 때부터 시골을 좋아했다. 친가나 외가가 시골인 친구들을 부러워했었다. 초등학교 때 옆집 가족을 따라 그들의 큰댁이 있는 시골에 따라나섰다. 충청도 온양이었다. 코끝이 쨍하도록 차가운 이른 아침의 공기가 두 뺨을 얼얼하게 했다. 서리가 하얗게 내린 논바닥의 촉감이 서걱서걱하고 낯설었다. 소가 '음어' 할 때 내뿜는 콧김과 사랑방 가마솥에서 끓고 있던 구수한 소 여물죽 냄새. 시골은 내게 좋은 기억으로 남았다.
 스물두 살. 어릴 적 소원대로 고향이 시골인 사람과 결혼했다. 신랑은 서른한 살이었다. 입사 면접하러 갔다가 인사 담당 이사로 일하고 있던 시아버지를 만났다. 며느리로 점 찍혔다. 용돈도 주고 잘 대해 주었다. 밀양에 정착한 아들을 소개해 주었다. 남편은 임업인이 되고 싶어 했다. 덴마크나 독일에서는 임업인이 대우받는다고 했다. 동국대학교 임학과를 다녔다. 이산 저산에 나무를 심을 거라고 했다. 짚차에 가족을 태워 다니며 자신이 가꾼 산을 보여

주는 게 꿈이라고 했다. 흑염소를 기르고 있었다. 신념이 있는 그가 듬직하게 보였다.

　모든 게 신기했다. 단명했던 친정과 다르게 장수하는 조부모가 있어서 좋았다. 불 때서 밥하는 게 좋아서 전기밥솥을 두고도 불을 지펴 밥을 했다. 솔가지와 장작 타는 냄새가 좋았다. 누룽지를 뭉쳐주면 시아버지가 좋아했다. 그게 좋아서 자주 불을 지폈다. 잔불에 갈치를 구우면 연기 향이 났다. 비 올 때 마른 흙이 젖으면 나는 냄새를 좋아한다. 비릿하고 매캐하다. 이른 아침 뒷산에 피어오르는 안개는 몽환적이었다. 차이콥스키의 '잠자는 숲속의 미녀'나 드뷔시의 '목신의 오후에의 전주곡'이 어울리는 새벽이었다. 이 외딴집이 좋았다. 돌담으로 쌓아 만든 바깥 변소가 예뻤다. 문이 없어 뒤쪽으로 돌아앉아 있었다. 쭈그리고 앉아 볼일을 볼 때면 탱자나무 울타리 너머 풀냄새가 왁자하니 몰려왔다. 초록빛 무성한 숲을 바라보면 마음이 편안해졌다. 아랫마을 들 한복판 두엄더미에서 은은하게 풍겨오는 냄새가 나쁘지만은 않았다. 이런 말을 하면 동네 사람들은 신기한 듯 나를 바라본다.

　시골에서 지내는 것은 좋았지만, 결혼생활이 마냥 행복하지는 않았다. 시조부모와 함께 생활하는 건 쉬운 일이 아니었다. 살아온 환경과 생활 방식이 아주 달랐다. 시조부모는 서울 며느리를 이해하지 못하셨다. 물을 아껴 쓰는 게 몸에 밴 할머니께 설거지할 때마다 물 낭비한다고 꾸지람 들었다. 아침잠이 많고 저혈압 증세가 있던 나는 아침에 일찍 일어나는 게 힘들었다. 남편이 매일 깨워 줘야 겨우 일어날 수 있었다. 명절이면 열흘 넘게 손님이 들끓었다. 마을 대부분 일가친척이었고 외지에서 고향에 다니러 온 자손들이 인사차 들렀다 가곤 했다.

남편은 남의 편이었다. 부엌 천장에서 비가 줄줄 새고 있는데도 십 년을 넘게 고칠 생각을 안 했다. 시간이 없다고 했다. 남의 집 보일러가 고장 났다 하면 열 일 제쳐 두고 달려가는 사람이다. 마을 사람들은 남편을 두고 똥도 내 버릴 게 없는 사람이라고 했다. 같이 한 번 살아보라지!

우리 집은 감 농사가 주 수입원이다. 결혼한 해부터 감을 수확해서 영등포 도매시장에 보냈다. 감을 파는 게 어렵지 않았다. 마을 농가들은 그러지 못했다. 남편은 농가의 감을 받아 서울 도매시장에 팔아달라고 농협에 제안했다. 농협에서는 해보지 않은 일이라 맡아서 할 직원이 없었다. 남편이 나서야만 했다. 그때부터 우리 집 농사는 뒷전이 되었다.

나는 감 수확 철이 되면 열 명이 넘는 일꾼들과 가족들 밥을 챙기고 포장 작업을 해야 했다. 새벽에 일어나도 세수할 시간조차 없이 이리저리 뛰어다녔다. 눈곱 뗄 겨를도 없이 하루를 보내고 밤이 되었다. 수확이 끝나도 남는 돈이 없었다. 농약값, 이자, 인건비로 다 나갔다. 매해 쳇바퀴처럼 그런 생활이 반복되었다. 한가롭게 시골의 한적한 낭만을 누린다는 생각은 사치였다.

겨울을 기다렸다. 할 일 많고 몸이 고되기는 마찬가지이지만 밤이 빨리 찾아오는 겨울이 좋았다. 두 아이는 저녁 여덟 시면 잠들었다. 혼자만의 시간이었다. 사방은 불빛 하나 없이 깜깜했다. 어둠 속에서 고라니 울음소리와 풀벌레 소리만이 들렸다. 매일 밤 책을 읽었다. 이규태의 〈한국인의 의식구조〉 시리즈를 읽었다. 패트릭 퀸틴의 〈두 아내를 가진 남자〉, 카트린 아를레의 〈지푸라기 여자〉 같은 추리소설을 읽었다. 책 한 권이 끝나면 새벽 두 시였다. 그래도 잠이 안 왔다. 이십 대와 삼십 대의 밤은 길었다.

 술을 마셨다. 집에는 돌배주, 앵두주 같은 담금주가 있었다. 한 잔씩 홀짝였다. 그러다가 술에 취하면 친정집 생각, 친구들 생각이 났다. 전화해서 목소리라도 듣고 싶었으나 그럴 수가 없었다. 반대하는 결혼을 했다. 결혼생활이 자랑스럽지 않았다. 난시청 지역이라 TV도 나오지 않았다. 옥외안테나를 남편이 조정해야 겨우 볼 수 있었다. 남편은 매일 새벽이나 되어야 귀가했다.

 눈이 온 날 아침에 산에 올라간 사람이 밤이 되어도 집에 오지 않았다. '산에서 실족한 건 아닌가? 연락도 못 할 만큼 다쳤나?' 별별 생각이 다 들었다. 걱정되는 마음에 무서운 줄도 모르고 한밤중에 남편을 찾아 나섰다. 손전등 하나만 달랑 들고 산길을 걸어 아랫마을로 내려갔다. 집 한 채 없이 감나무만 무성한 깜깜한 길이었다. 사람보다 두 배나 키 큰 물건이 어둠 저쪽에서 다가오고 있었다. 숨이 콱 막혔다. 눈을 질끈 감았다. 침을 꼴깍 삼키고 가까스로 눈을 떴다. 머리에 커다란 보따리를 이고 창녕 장에 다녀오는 윗마을 초동 댁이었다. 그 뒤로 남편이 터벅터벅 걸어오는 게 보였다. 하고 싶은 말을 삼키고 돌아서서 집으로 걸었다.

자다가 눈물이 귓가로 흘렀다. 눈물이 한 번 시작되면 열흘이나 보름 동안 계속되었다. 나는 매일 술을 마셨다. 해 질 녘에 취해서 마당에 나가 앉아 먼 산을 바라보고 있었다. 그 모습을 본 남편이 소리 질렀다.

"왜 또 지랄이고~~! 차라리 나보고 죽일 놈이라고 욕을 해라!"

이렇게 살고 싶지 않았다. 이혼서류를 해왔다. 그걸 본 남편은 서울 가서 한동안 돌아오지 않았다. 엄마와 아이들 얼굴이 떠올랐다. 가슴에 뻐근한 통증이 몰려왔다. 돈을 벌겠다고 나섰다. 남편이 반대했다. 듣지 않았다. 두 아들을 키워야 했다. 화장품 방문판매를 시작했다. 팔러 갈 곳이 없었다. 아는 사람도 없었다. 매일 아침, 집을 나서면 낭떠러지 끝에 서 있는 기분이었다. 보름 넘게 잠이 오지 않았다. 배도 고프지 않았다. 집에 가는 마지막 버스 안에서 실신한 적도 있다.

화장품 방문판매를 몇 개월 하다가 아기 옷 브랜드 매장을 운영하게 됐다. 이 일은 만 오 년을 했다. 애들 키우고 대출 빚 갚으며 생활비를 겨우 감당했다. 오십 초반까지 여러 가지 일들을 닥치는 대로 했다.

순탄치 않은 젊은 날을 보냈다. 서울 친구들과는 매우 다르다. 원망도 하고 후회도 해보았다. 소용없는 일이었다. 이런 남편을 만난 것도 환경이 달라서 겪은 어려움도 모두 나의 선택으로 인한 결과라고 받아들였다. 할 수 있는 것을 하고 안 되는 것에 미련을 두지 않기로 마음먹었다. 다시 예전의 삶으로 돌아왔다. 남편도 농장의 상황도 달라진 건 없다. 내 마음이 바뀌었을 뿐이다. 시골을 좋아하던 철부지로 살아가고 있다.

05
겉은 바싹, 속은 촉촉한
경상도 남자와 살아내기

문인숙

현관을 나서는 이 남자는 알아들을 수 없는 소리를 내고 있다. 무슨 소리냐고 물으니, 노래를 부르고 있단다. 26년을 부부란 이름으로 살며 아침에 콧노래를 부르는 것을 들어 본 적이 있었던가? 몇 년 전부터 갖고 싶어 하던 외국산 승용차를 계약하는 날이다. 그동안 대출이자, 아들의 원룸 월세 등 재정 상태가 녹록지 않아 선뜻 사자고 말을 못 했다. '그래! 인생 뭐 그리 길다고 사자, 사.'라고 마음을 먹고 나니 일사천리다. 차종을 결정하기까지 그리 긴 시간이 걸리지 않았다. 그는 그동안 모아둔 카탈로그를 살폈다. 차종별 이용자 후기도 꼼꼼히 찾아보며 최고의 선택을 하겠다는 의지를 보였다. 나는 동행해서 은행 업무만 처리해 주면 된다. 남자에게 승용차가 주는 의미가 무엇인지 생각해 본다. 시승하면서도 솔 톤의 들뜬 목소리가 들려온다. 평소와 다르게 말수도 엄청 많다. 진즉 사지 못해 아쉬운 마음마저 든다. 그래, 30여 년을 직장생활하며 열심히 살았는데 한 개쯤 자신에게 선물을 해도 된다.

우리는 생활 방식과 가치관이 아주 달랐다. 그는 주로 집에서 TV를 즐겼다. 나는 주말이면 집을 떠나 어디든 나가야 하는 사람이었다. 식습관에도 차이가 컸다. 그는 면류와 고기류를 좋아했다. 나는 밥과 채소류를 좋아한다. 이런 차이는 생활 전반에 다반사였다. 서로에게 익숙해지는 데에는 오랜 시간이 필요했다.

  한번은 이런 일도 있었다. 신랑이 정해놓은 통금 시간이 있었다. 직장 동료들과 저녁 자리가 늦었던 날이었다. 12시까지 안 들어오면 문을 열어주지 않겠다고 했다. 내가 무슨 신데렐라도 아니고 여하튼 그날은 자정을 넘겼다. 아무리 초인종을 눌러도 문이 열리지 않았다. 계단에 쪼그리고 앉은 지 한참 만에 문이 열렸다. 집으로 들어가면서 현관에서 손에 들고 있던 시장바구니를 거실로 던졌다. 다음날 아침거리를 위해 미리 샀던 찬거리가 가득 들어있었다. 저녁 자리 내내 들고 다녔던 이놈의 장바구니에 화가 났던 것 같다. 안에 들었던 우유가 터져 집안에 사방으로 튀었다. 그사이 무슨 일이 있었냐는 듯 남편은 문만 열어주고 이미 자러 가고 없었다. 그것을 치우는 건 나의 일이었다. 그 이후 통금 얘기는 사라졌다.

  워킹맘으로 생활하는 건 만만하지 않았다. 남편은 야간 대학에서 공부하고 있었다. 육아는 내 몫인 시간이 많았다. 사소한 오해들이 쌓이면서 서로 외면하는 시간이 길어졌다. 서로의 입장만 내세우다 보니 갈등은 깊어졌다. 행복해지자고 한 결혼에 대해 회의도 들었다. 끝까지 잘 살 수 있을까 생각도 했다. 차마 부모님께 다른 말을 할 용기가 나지 않았다. 부모님 살아계실 때까지는 참아보자 했다. 다행히 우리 부모님은 지금까지 장수하고 있다. 돌이켜보면 그때 잘 이겨낸 우리가 얼마나 기특한지 모르겠다.

욕심이 없는 그는 남을 많이 배려하는 성품이다. 농사일을 도울 때나 짐을 옮길 때 보면 한 개를 더 못해서 안달이다. 친구들과 모임에도 상대에게 잘 맞춘다. 그래서 남녀노소를 가리지 않고 친구가 많다. 바깥에서 사람들과 어울리는 시간만큼 직장 생활에도 열심이었다.

그런 직장에서 위기가 왔다. 업무와 관련된 송사에 휘말린 일이었다. 대기 발령이 났다. 월급도 터무니없게 줄었다. 남편 혼자서 이겨내야 하는 시간이 점점 길어졌다. 함께 기다리는 것 말고는 할 수 있는 일이 없었다. 뭐라도 해주고 싶었다. 아침 일찍 일어나 도시락을 준비했다. 남편은 사무실에서 혼자 밥을 먹어야 했다. 좋아하는 두릅나물과 튀김을 했다. 고기 수육도 만들었다. 색색이 예쁜 과일과 채소도 담았다. 점심시간이 지나면 남편에게서 카카오톡이 온다. 잘 차린 도시락 밥상과 혼자 보낸 시간의 흔적을 사진에 담아 보낸다.

이 일을 계기로 서로에게 더 깊이 마음을 쓰게 되었다. 사무실에서 홀로 지낸 남편을 생각하며 주말이면 가까운 곳으로 여행을 갔다. 바람이나 쐬러 가자는 말을 하며 조금씩 더 멀리 다녔다. 그렇게 지낸 지 2년여 후, 1달간의 강제 휴가를 받았다. 사무실에 나오지 말라는 정직 처분이었다. 아! 또 어떻게 해야 하나? 한동안 멍하니 있다가 제주행 비행기 검색을 했다. 떠났다. 11월의 제주는 비가 계속 내렸다. 우산을 함께 쓰고 휴양림을 걸었다. 고흐란 남자의 그림이 가득한 전시관도 둘러봤다. 세상 살아가다 보면 사람마다 저마다의 아픔과 사연은 있기 마련일 것이다. 서로를 위로하며 시간을 보냈다. 주말을 지내고 나는 출근을 위해 먼저 돌아왔다. 혼자 제주도에 남은 남편은 오늘은 어디 둘레길을 걸었고 걸음 수가 몇 보라고 찍힌 사진을 담아 나에게 보냈다.

그때부터 우리는 제주도를 좋아하게 되었다. 누가 먼저랄 것도 없이 시간이 나면 제주도에 갈 궁리를 한다. 산방산 탄산 온천욕, 송악산 둘레길 걷기, 오름 걷기, 새로운 맛집 탐방 등 무엇을 해도 좋다. 눈 덮인 한라산 등반도 곧 도전할 계획이다. 지난 크리스마스에 같이 제주 여행을 간 동생이 묻는다. 형부랑 여행 다니는 게 좋으냐고. '여행은 행복의 종합 선물 세트야! 남이 해주는 맛있는 밥 먹고, 좋은 볼거리와 즐길 거리, 좋은 것만 다 하는 게 여행이잖아.' 나는 신나게 떠들었다.

내가 그를 만난 것은 직장 3년 차 때였다. 창원으로 발령이 난 직장에 그가 근무하고 있었다. 낯선 나를 위해 캐비닛에 담긴 사무용품을 이것저것 챙겨주었다. 밥 먹고 나면 정수기 물까지 받아주었다. 그는 그때나 지금이나 좀 스윗하다. 길을 나서면 항상 먼저 문을 열어준다. 내 손에 물건 든 걸 못 보고 빼앗듯이 받아 든다. 추운 날씨엔 침대에 먼저 누워 내 자리를 데워주고 자기 자리로 간다. 한번은 혼자 간 마트에서 계산만 하고 물건을 그냥 두고 온 적이 있었다. 늘 챙기는 그가 같이 가지 않아서 생긴 일이었다.

우린 3년 가까운 시간을 같은 사무실 옆자리에서 근무했다. 가까이 있는 만큼 사소한 다툼도 종종 있었다. 늘 배움에 진심이었던 나와 달리 동료들과 어울리며 시간을 보내는 것을 더 좋아했다. 그를 이해하지 못했다. 동료의 자리에서 연인의 자리로 그리고 배우자의 자리에 함께한 그와 지금은 친구처럼 살아간다. 요즘은 친구 같은 그가 참 편안하다. 어떤 상황이나 행동도 이제는 이상하지 않다.

오늘도 외출하고 돌아오는 나를 소파에 비스듬히 누운 자세로 맞는다. 가장 편한 자세로 텔레비전을 보고 있다. 예전에 비해 그나마 달라진 게 있다면 TV 화면에 고정이던 시선을 잠시 거두고 나를 쳐다보는 거다. 결혼 초기에는 이러한 태도가 못마땅했다. 아니 최근 몇 년 전까지도 그랬던 것 같다. 이제 그에 대해 그렇게 화내는 일도 바라는 일도 별로 없다. 그냥 모든 일에 이해라는 것을 하게 된다.

누군가의 글에서 읽었던 어른의 모습은 상대 처지에서 이해하는 태도라고 했다. 서로 좋아하는 일을 인정하고 상대의 시간도 존중하며 살아가는 참 어른이 되어 가는 것 같다.

부부란 같은 방향을 보며 묵묵히 그 길을 걸어가는 친구다. 앞으로도 인생의 굽이마다 많은 일들이 있을 것이다. 우린 여태 잘

해 왔듯이 서로 격려하며 잘해 낼 것이다. 오늘도 이 남자는 차를 닦고 광내는 일을 어떤 일보다 열심히 한다. 반들반들 닦아 놓은 차처럼 예쁘게 살아가야지. 조카에게서 이모 내외처럼 예쁘게 살겠다고 메시지가 왔다. 잘 사는가 보다. 아니 그렇게 보이나 보다. 서로의 취향을 더 존중하며 스스로 잘할 수 있는 일을 진심으로 응원하며 동반자로 더 성장하길 기대한다. 그렇게 우리 부부의 시간이 쌓여 간다.

06

함께 살아오면서

박미경

"야! 이 새끼야! 내 가방 내놔!"

내 가방을 뺏어 달아난 친구 최호철 덕분에 남편을 만나게 되었다. 가방을 찾으려면 시내에 있는 서라벌 커피숍으로 오라고 했다. 수업을 마치고 커피숍에 가니 친구와 한 남자가 함께 있었다. 체육교육학과 3학년 이형태라 했다. 교육학과 강의를 들었을 때 몇 번 마주친 기억이 났다. 그날은 친구 따라 나온 사람 정도로만 생각했다.

한 달 후 오사카 대학에 교환학생 연수를 가게 되었다. 학과별로 10명씩 참여했다. 출발할 때 보니 남편도 있었다. 일본에서 지내는 일주일 동안 나를 졸졸 따라다녔다. 수업을 받을 때도, 밥을 먹을 때도, 사진을 찍을 때도 옆에 있었다. 친구들과 같이 어울려 있었기 때문에 남편의 행동을 대수롭지 않게 여겼다. 연수를 마치고 부산 공항에 도착했다. 무겁지도 않은 내 여행 가방을 기어이 들어 주겠다고 했다. 가방을 들고 가족들에게 다가가 넙죽 인사를 했다. 마중 나온 가족들은 그 모습을 보고 누구냐며 난리가 났다. 그냥 친구라고만 소개했다.

그날 이후로 우연을 가장한 만남은 계속되었다. 수업이 끝나면 음대 밑에서 기다리고 있었다. 매일 나를 기다리는 남편이 안 보이면 궁금하고 서운하기도 했다. 학교에서 한 시간 거리에 있는 집으로 거의 매일 나를 데려다주었다. 주말에 친구들과 가는 여행에도 따라왔다. 당일치기하기 좋은 경주, 양산, 밀양 등으로 놀러 다녔다. 차도 태워주고 밥도 항상 사주었다. 가만 생각해 보면 나는 남편 만나서 얻어먹은 게 너무 많아 결혼한 것도 같다. 얻어먹은 친구들까지 '결혼 안 해주면 나쁜 가스나다.'라고 했다. 계산이 복잡해 순순히 받아들였다. 아직도 계산이 안 된다. 남편이 남는 장사 한 것 같다.

시집살이 6개월만 하자고 했다. 장남 며느리가 되는 거니 당연하다고 생각했다. 시할머니, 시어머니, 시동생 세 명까지 일곱 식구가 한집에서 살게 되었다. 결혼하면서 나는 큰형수가 되었다.

시어머니를 '엄마'라고 불렀다. 우리 엄마보다 나를 더 편하게 대해 주셨다. 집안일도 못 하게 했다. 남편과의 말다툼에도 항상 내 편이었다. 내가 먹고 싶다는 건 뭐든지 다 만들어 주었다. 시댁에서의 첫 밥상. 이 노래가 생각났다. '저 푸른 초원 위에…….' 시댁 식구들은 고기를 싫어했다. 결혼 일 년 후 내가 고기반찬으로 모두 바꿔 놓았다. 분가한 뒤에도 시어머니는 드시지도 않는 고기반찬을 늘 해주셨다. 우리 시어머니는 부처님 옆자리다. 부처님과 다른 건 엄마 배에 똥 들은 것 말고는 없다. 정말 호인이셨다. 어머니가 그립다. 시동생들은 나를 잘 따른다. '형수님 덕에 어머니가 딸 없이도 행복하게 사셨다.' 인정해 준다.

 2006년부터 거의 3년 반을 넘게 남편을 기러기 아빠로 만들었다. 아이들이 초등학교 때 토론토로 갔다. 형부가 토론토 대학병원 교환교수로 가게 되었다. 언니 식구들이 간다고 해서 따라나섰다. 21세기 세계 지도자로 만들어 보겠다는 야심 찬 계획이 있었다. 남편에게 큰소리쳤다. 떨어져 있는 동안 매일 아침 남편과 통화했다. 남편도 잘 지내는 것 같았다.
 2009년 12월 어느 날이었다. 남편 전화 목소리가 평소와 다르다. 무슨 일이 있냐고 물었다. 한참 동안 대답이 없었다.

"암이라네."

 머리를 한 방 맞은 듯했다. 한참 아무 말도 못 했다. 나 때문인가? 챙겨주지 못해서인가? 갑자기 엄마 말이 귀에 뱅뱅 돈다. '부부밖에 없다. 남편 혼자 오래 두면 안 된다.'라고 늘 이야기했다. '집에 가면 엄마한테 먼저 죽겠구나.' 하는 생각이 들었다. '집으로 빨리 가자. 살려야지.' 아들들에겐 아버지가 너무 필요하다. 나도 남편 없는 세상 생각하니 겁이 났다.

마침, 막내 상범이가 기숙사가 있는 고등학교를 찾고 있었다. 슬슬 돌아가야겠다고 생각하던 중이었다. 장남한테 동생과 살림을 맡겼다. 마음이 복잡했다. 토론토에서 부산까지 비행기로 13시간이다. 집으로 가는 길이 하루보다 더 길게 느껴졌다. 비행기 안에서 나는 달리고 있었다. 굳이 공항에 마중 나온 남편을 보니 눈물이 났다. 얼굴이 회색빛이었다. 야위어 보였다. 걱정하는 나에게 오히려 미안해한다. 남편은 사람도 술도 너무 좋아한다. 신혼 땐 술 때문에 많이 싸웠다. 한잔한 날은 콩나물국이라도 끓여 먹였으면 괜찮았을까 하는 후회와 미움으로 머리가 복잡하다.

오빠가 서울 아산병원 췌장 쪽에 권위 있는 의사 선생님을 소개해 주었다. 두 달 후에나 수술 예약이 될 거라고 했는데 3일 만에 소식이 왔다. 가방을 싸는데 또 눈물이 났다. 남동생이 차로 아산병원까지 우리를 데려다주었다. 두 집안이 모두 비상이었다.

수술하고 중환자실 거쳐 입원실까지 오는 데 일주일이 걸렸다. 환자가 수술하고 입원실 오는 동안 보호자는 입원실에 있을 수 없다. 입원해야 하는 사람이 많아서다. 여행을 좋아해서 캐리어를 자주 끌고 싶은 나지만, 병원에 와서까지 끌고 다닐 줄이야. 땡보인 남편은 내가 고생한다고 1인실을 고집했다. 미워할 수가 없다. 보름 동안 병원에 있었다. 병실 창문으로 올림픽 대교가 보였다. 지금도 올림픽 대교는 꼴도 보기 싫다. 서울 사는 남편 친구 창우 씨가 매일 찾아왔다. 노트북 하나 들고 출퇴근을 입원실로 했다.

"여보, 코에 바람 넣고 오소."

나는 친구 정행심을 만나 낮시간을 보냈다. 잠시 여행자로 살았다. 지금도 그 고마움을 잊을 수가 없다. 신랑은 회복을 위해 병원에서 열심히 걸어 다녔다. 모두 걱정하고 있으니 어서 집으로 가자고 했다. 남편은 간호사들이 시키는 대로 잘 따라 했다. 우리 층 간호사들에게 인기가 좋았다. 모범 환자였다.

부산으로 돌아와서 남편은 회사를 정리했다. 회복에만 집중했다. 매일 해운대 모래 해변을 세 시간씩 걸었다. 식단도 조절하고 다섯 가지 야채로 만든 오채수 물도 15년째 먹고 있다. 병원에서 알려준 대로 음식을 만들었다. 5년 후 완치 판정을 받았다. 제일 나쁜 게 스트레스란다. 남편한테 "당신이 하고 싶은 대로 하면 된다."라고 했다.

남편이 아프고 난 뒤 아들이 하나 더 생겼다. 남의 아들인 큰아들 때문에 자주 주먹이 쥐어진다. 옆에 사람들이 고집 센 '삐돌이'라고 한다. 맞는 말이다. 그렇지만 다시는 안 아프면 되는 거다. 늘 남편 말을 들어 주고, 우리 남편이랑 함께 해주는 테니스 동호인 형님 동생들.

"사랑합니데이."

9988234!! 건강이 최고이다. 건강을 유지하기 위해 매일 아침 6

시 테니스를 치러 간다. 함께 운동한 지 7년째다. 테니스는 건강 유지의 일등 공신이다. 이제는 테니스 20년 차 선배인 나에게 도전장을 날린다.

  오늘도 우리 남편 건강을 위해 함께 열심히 테니스 친다. 매일 아침이 이리 행복하면 성공한 인생을 사는 게 아닌가. 모든 부부 파이팅!

07

빛나는 눈동자와 편지

복기령

　'와! 눈에서 빛이 나네. 어쩜 저렇게 눈에서 빛이 날 수 있을까?' 이제껏 그런 눈동자를 본 적이 없었다. 고등학생 때 남편을 처음 봤을 때 그랬다. 그 시절 나는 지금의 남편을 따라 교리를 배우고 새벽기도를 함께 다녔었다.

　고등학교 졸업 후 나는 서울에 있는 큰언니 집에 살게 됐다. 두 달쯤 지난 어느 날 편지 한 통이 날아왔다. 눈에서 빛이 나던 그 오빠한테서 온 편지였다. 몇 달 동안 보이지 않는다며 궁금해서 쓴 편지였다. 본인은 한의대 본과 4학년이 되었고 매우 바쁘게 살고 있다고 했다. 내 친구를 통해 주소를 알았다고 했다. 어떻게 살고 있느냐고 물었다. 나를 생각해 주는 사람이 있다는 것에 고마움이 느껴졌다.

　감사한 마음을 담아 답장했다. 힘내라는 말과 함께 나는 지금 대학에 가려고 공부하고 있다고 했다. 답장하고 난 후 얼마 안 되어, 또 편지가 왔다. 걱정해 주고 응원해 주는 편지였다. 그렇게 편지는 일 년 동안 계속되었다. 감기 몸살로 답장을 못 했을 때는 직접 찾아와 약을 줘어 주고 돌아가기도 했다. 공부하다 힘들고 지칠 때마다 편지가 큰 위로가 되었다.

일 년 후 남편은 한의사 면허시험에 합격하고 일을 시작했다. 나는 간호학과 대학생이 되었다.

바쁜 생활 속에서도 우리는 일주일에 한 번씩 만나 함께 밥을 먹었다. 늘 내게 힘이 되고 위로가 되어준 사람이었다. 따뜻하고 한결같았다.

나도 대학교를 졸업하고 종합병원 수술실에서 간호사로 일을 하게 되었다. 그러던 어느 날 남편은 다니던 병원을 그만두고 직접 한의원을 운영할 거라 했다. 고향인 마산으로 내려갔다. 자주 만나고 늘 가까이 지내다가 없으니 외롭고 쓸쓸했다. 자주 만나지는 못하고 매일 전화 통화하며 외로움을 견뎠다.

남편이 서른 살이 되던 해에 부모님께 결혼 얘기를 했다. 시 아버님은 매우 인자하신 분이었고, 어머님은 나와의 결혼을 반대했다. 어머님은 부잣집 며느리를 원했다. 어머님의 반대는 일 년가량 이어졌다. 그동안 남편과 나는 이미 정이 많이 들어있었다. 헤어질 수 없었다. 결국 우리는 결혼을 허락받게 되었다.

12월에 결혼식을 올렸다. 그날은 눈이 펑펑 내렸다. 우리의 결혼을 축하해 주듯 온 세상에 함박눈을 뿌리고 있었다. 가족들의 축복을 받으며 결혼식을 올린 우리는 행복한 날들로 영원할 것만 같았다. 하지만 햇살처럼 따스했던 결혼생활은 오래 지나지 않아 먹구름이 몰려오기 시작했다.

시어머니는 하루에 열두 번 이상 전화를 했다. 아침 일찍부터 전화해서 일어나라, 남편 깨워라, 남편 아침밥은 먹고 갔니? 점심은 준비해 놨니? 저녁 시장은 봐왔니? 등 하나부터 열까지 물었다. 자식에 대한 집착이 강했다. 시어머니의 전화는 매일매일 반복되었고 그칠 줄 몰랐다.

결혼하고 6개월이 지나갈 무렵 나는 극심한 스트레스를 받고 있다는 생각을 했다. 거울에 비친 내 얼굴에 웃음기와 생기라고는 찾아볼 수 없었다. 지나친 시어머니의 간섭으로 점점 미소가 사라져 갔다. 내가 내 인생의 주인이 아니었다. 시어머니의 뜻대로 살고 있었다. 옆에서 지켜보던 남편이 시어머니에게 전화를 했다. 남편의 전화에 시어머니는 더욱 화를 냈다. 나는 남편의 전화를 말릴 수밖에 없었다.

결혼 후 일 년 만에 아이를 낳게 되었다. 세상을 다 얻은 것 같았다. 그 어떤 것과도 바꿀 수 없는 나의 보물 같은 딸이었다. 시어머니의 간섭과 집착은 여전했지만 나는 딸이 있어 행복했다. 엄마 아빠의 잘 생긴 부분만 닮아 태어난 딸아이를 주위 사람들은 '사람 인형'이라 불러 주었다. 난 밥을 먹지 않아도 배가 불렀다. 잠을 자지 않아도 힘든 줄 몰랐다. 아이와 온종일 함께하는 시간들이 행복했다.

일요일 아침 시댁에 가기 위해 짐을 챙겼다. 결혼 후 한 주도 빼먹지 않고 시댁에 가는 것이 주말 일상이었다. 그날따라 너무 피곤해서 남편에게 이번 한 주만 쉬면 안 되느냐고 물었다. 남편은 내 말을 듣지 않고 아이를 안고 집을 나섰다. 나도 남편의 뒤를 따라 나섰다. 우리 차가 보이지 않았다. 형이 처가에 간다고 가져갔다고 했다. 나한테 한마디 의논도 없이 차를 빌려준 것이 서운했다. 할 수 없이 택시를 탔다. 남편은 딸아이를 안고 뒷좌석에 탔다. 나도 따라 뒷좌석에 앉았다. 집을 나서고 중간쯤 갔을 때 사고가 났다. 마주 오던 승용차와 정면충돌을 한 것이다. 대낮에 음주 운전을 한 차량이었다. 나는 앞 유리를 뚫고 나갔고 남편은 머리를 다쳤다. 사고가 나는 순간 아이만 무사할 수 있다면 모든 걸 빼앗아 가도 좋다고 간절히 기도했다. 나는 척추를 크게 다쳐 일어날 수 없었다. 두 달가량 친정 둘째 언니가 대소변을 받아 주었다. 남편은 치료를 제대로 받지 않고 머리 외상 부분만 몇 바늘 꿰맨 후 곧바로 퇴원했다. 사고 당시 딸아이는 이제 막 5개월이 지났을 때였다. 간절한 나의 바람은 이루어지지 않았다. 딸아이는 아무 소리 없이 우리 곁을 떠나고 말았다. 남편은 병실에 누워있는 내게로 와 매일같이 내 손을 잡고 함께 울었다.

살면서 이런 일은 있을 수 없다고 생각했다. 나에게 왜 이런 일이 생겼는지 소리를 지르고 꺽꺽대며 울어도 소용이 없었다. 그 후 세상에 대한 '원망과 용서'라는 단어는 오랫동안 나를 힘들게 했다.

병원에 누워 있은 지 두 달쯤 되었을 때 침대에서 일어나 보았다. 침대 난간을 잡고 발을 바닥에 닿는 순간 앞으로 쓰러지려 했다. 발을 한 걸음 떼고 두 걸음을 떼어 보았다. 나는 퇴원하기로 결심했다. 모든 살림을 제쳐 두고 오랫동안 간호해 주고 있는 언니한테 미안해서였다. 어차피 누워만 있을 거면 집에서 누워 있겠다고 했다. 병원에서는 퇴원은 무리라고 했지만 내 고집을 꺾진 못했다. 퇴원 후 전에 살던 집으로 돌아가고 싶지 않았다. 우리는 시어머니 그늘에서 독립하기로 했다. 남편은 전세자금을 빌려 아파트를 마련했다. 새로운 집에 가서도 눈물이 그치지 않았다. 침대에 누워 매일같이 울었다. 남편은 나름대로 〈법구경〉, 〈금강경〉, 〈길 없는 길〉 등 위로의 책들을 읽으며 마음의 치유를 하고 있었다. 매일같이 울고 있는 내 머리맡에 위로가 될 만한 책들을 놓아주곤 했다. 남편의 지극정성과 친정 엄마 얼굴이 떠올라 다시 힘을 내기로 했다.

남편은 회복을 위해 정성껏 한약을 달여 주었다. 건강이 점점 회복되었다. 다시는 오지 않을 것 같은 시간이 왔다. 딸, 아들도 낳게 되었다. 아이 둘을 데리고 시댁에 갈 때마다 시어머니는 내게 미안한 마음을 갖는 듯했다. 생신 때 사 드린 옷을 내가 갈 때마다 입고 있었다. 동네 회관에 놀러 갈 때도 항상 입는다고 했다. 남편과 나는 시어머니의 강한 집착으로 많이 힘들었지만 구십을 넘긴 시어머니를 지금은 측은지심으로 바라보고 있다. 자식들에 대한 사랑은 여전하다. 그 연세에도 텃밭에서 가꾼 채소들을 자식들한테 나눠주느라 바쁘다. 내 나이 오십이 넘어서야 시어머니 마음을 조금은 이해하게 되었다.

세월이 많이 흘렀어도 첫 딸에 대한 기억은 여전히 생생하다. 인형처럼 예뻤던 나의 보물이 주고 간 선물은 진정한 행복이었다. 태어나 5개월간의 짧은 만남이었지만 남편과 나에게 큰 기쁨을 주었던 아이였다. 문득문득 그리움이 밀려올 때가 있다. 목이 메고 숨이 멎을 듯 먹먹함이 밀려오기도 한다. 세월이 약이라 했든가, 세월이 흐르다 보니 원망도 사라지고 용서도 되는 것 같다. 죽을 만큼 아프고 힘들었던 시간들도 영원하진 않은 것 같다.

이제 우리 부부도 청춘의 세월을 보내고 오십을 넘어 남편은 환갑을 바라보고 있다. 이제는 어깨가 축 처진 남편 뒷모습과 희끗해진 머리를 보면 측은한 마음이 든다. 빛나던 눈빛은 사라진 지 오래다.

나만큼 힘들었을 남편, 이제야 그 마음을 헤아릴 수 있을 것 같다. 절망에서 헤어 나오도록 매일같이 나를 일으켜 준 남편한테 원망만이 가득 찼던 지난날이 미안하기만 하다.

어떤 것도 영원하지 않다. 아픔도 기쁨도 마찬가지이다. 어둠의 긴 터널을 지나 와보니 밝은 햇살이 보인다. 시간은 모든 상처를 치유할 수 있는 마법 같은 것이다. 그 시간을 이겨내면 된다. 믿음과 사랑으로 함께 했기에 어려운 시간도 잘 보내온 것 같다. 빛나던 눈동자의 '그 오빠'에게 오랜만에 편지를 써야겠다.

08

서울 여자, 부산 남자

신혜숙

남편은 부산에서 서울로 유학 온 경상도 사나이다. 사투리가 강하고 유머가 많은 친구였다. 경상도 특유의 거친 말도 재미있었다. 술도 좋아하고 잘 노는 날라리였다. 학교 수업도 종종 빼먹고 대리출석하게 했다. 걸어가는 내 뒷모습이 멋있다고 따라왔었다. 그런데 앞에서 본 얼굴은 생각보다 예쁘지 않더라 한다. 주먹을 쥐게 하는 말이었다.

부모님은 그를 자주 불러서 집밥을 차려주곤 했다. 남편은 어른들한테 공손했다. 우리 집 아버지 엄마 특히 할머니가 좋아했다. 음식도 가리지 않고 잘 먹었다. 뭐든지 잘 먹는 모습을 좋아했다. 동생들도 오빠, 형 하며 허물없이 지냈다. 둘째 언니랑은 술친구였다. 언니는 남편 제삿날에 한 번도 빠짐없이 참석한다. 봉안묘까지 둘러보고 간다. "장 서방, 오랜만이네! 잘 지내고 있지?" 안부를 묻고 남편이 좋아하던 맥주 한 캔을 마신다. 남편도 오늘 술친구 만나서 반가웠을 것이다.

남동생이 대학에 들어갔을 때는 동생 친구들 데리고 술도 가르쳤다. 예쁜 여학생들과 미팅도 여러 번 주선했다. 시계를 전당포에 맡기고 술값을 마련했다. 시아버지가 물려 준 시계는 그 이후로도 자주 전당포에 갔다고 한다. 지금 그 롤렉스시계는 아들이 차고 다닌다.

우린 8년이란 긴 연애를 하고 결혼했다. 처음에는 시댁에서 반대했다. 서울 여자는 자기 식구만 아는 깍쟁이라는 게 이유였다. 신혼살림을 경기도 과천에서 시작했다. 나는 살림을 잘할 줄 몰랐다. 밥하는 데만 3시간씩 걸렸다. 배고프다고 짜증을 냈다. 남편은 배고픈 걸 못 참았다. 결혼하자마자 준비도 안 된 상태에서 첫 아이가 생겼다. 지금 생각해 보면 우리 둘 다 계획도 없고 무지했다.

첫 아이 출산 때는 무서웠다. 분만실에서 그냥 집에 돌아가고 싶은 생각밖에 없었다. 딸을 낳았다. 부모가 된 우리 부부는 우왕좌왕하며 아이를 키웠다. 남편은 바빴다. 나 혼자 아이를 돌봐야 하는 시간이 많았다. 출산 후에 산후우울증이 생겼다. 하루에도 몇 번씩 이유 없이 눈물이 흘렀다. 매일 커피믹스를 서너 잔씩 마시고, 에이스 크래커를 네 통씩이나 먹었다. 멈출 수 없었다. 4개월 사이에 체중이 10kg 늘었다. 내 인생 최고의 몸무게였다.

3년이 지나 둘째 딸을 낳았다. 또 딸이라고 시부모님은 매우 섭섭해하셨다. 한 달이 지나도록 이름도 지어주지 않았다. 출생신고를 해야 하는데 연락이 없었다. 남편은 화를 내며 나갔다. 눈이 펑

펑 내리던 2월 남편은 유명한 작명가를 찾아가서 이름을 지어왔다. 사주가 영부인 감이란 이야기를 듣고 기분이 좋아서 이름값을 두둑이 줬다고 한다.

세 살 터울로 간절히 기다리던 아들을 낳았다. 친정엄마가 제일 기뻐했다. 이제야 종갓집 며느리의 숙제를 다 한 것 같았다. 아들이 태어나던 날 시부모님은 소식을 듣자마자 바로 왔다. 한 시간 동안 아기방에서 나오지 않았다. 손발을 계속 만지며 좋아했다. 수고했다고 용돈도 줬다. 남편 얼굴에는 미소가 떠나지 않았다.

결혼 17년 차에 우리는 부산으로 이사를 했다. 아이들 교육 때문에 이사를 망설였다. 주말부부도 생각했지만, 남편은 가족은 같이 살아야 한다고 했다. 이사한 집은 시댁 식구들이 모여 사는 아파트였다. 시누이 집은 옆 동, 시어머니 집은 앞 동이었다. 친구 좋아하고 술 좋아하는 남편은 물 만난 물고기였다. 매일 술 마시고 신나서 놀다가 밤늦게 들어왔다.

"당신, 이렇게 살고 싶어요?" 부부싸움 할 때 내가 자주 하는 말이다. 아이들 교육은 오롯이 내 몫이었다. 공부가 제일이라고 생각하는 시어머니는 아이들의 학원까지 정해 주었다. 시험 볼 때마다 아이들의 성적을 물어봤다. 아이들과 나는 스트레스를 많이 받았다.

남편이 쉰셋이 되었을 때 위암 3기 진단을 받았다. 잔병 한번 없던 남편이었다. 건강 자신 있다며 항상 큰소리쳤었다. 약국을 하고 있던 남편은 소화가 안 되면 스스로 약 지어 먹고 대수롭지 않게 여겼다. 담배도 끊고 술도 줄이라고 잔소리를 자주 했다. 그럴 때마다 남편은 "나는 굵고 짧게 살 거야"라고 했다. 말조심해야 한다. 아무렇지 않게 남편이 입버릇처럼 했던 말이 정말 씨가 된 걸까? 앞이 깜깜하고 등 뒤가 얼음처럼 차가워졌다. 소식을 듣고 놀란 아이들이 병원으로 왔다. 아이들을 만난 남편은 그 와중에도 웃으며 "별거 아니야, 수술하면 다 나을 수 있다"라고 큰소리쳤다.

1차 수술에서 위를 삼분의 이 절제했다. 수술 후 항암 치료와 운동을 열심히 했다. 매일 집 근처 금강공원을 걸었다. 공원 안에 있는 소림사 법당에서 간절히 기도했다. 조금만 더 살게 해 달라고 빌었다. 즐기던 술 담배를 안 하니 더 건강해진 것 같았다. 다시 약국에 출근도 했다.

그렇게 6개월 후 다시 검사했다. CT 촬영 결과 복부까지 전이 되었다. 2차 수술은 위를 완전히 제거하는 것이었다. 이미 암세포가 복부에 후춧가루처럼 퍼져 있어 어려운 수술이었다. 얼마 남지 않았다고 했다. 남편에게 사실대로 이야기했다. 절망했다. 나는 조용히 밖으로 나와 가슴을 치며 울었다. 숨이 제대로 쉬어지지 않았다. 시간이 멈춘 것 같았다.

남편은 항암 치료를 2차까지만 원했다. 음식을 먹지 못했다. 한 순갈이라도 먹여 보려고 여러 가지 죽을 만들었다. 아침 점심 저녁이 다른 죽이었다. 죽의 달인이 되었다.

입원하려고 병원에 가면 간호사들은 이렇게 말한다. "완치 안 되는 거 아시죠? 생명 연장 치료입니다." 이 소리를 들을 때마다 '듣기 좋은 말로 얘기해주면 안 되나!' 가뜩이나 절망 속에서 하루하루 보내는 환자들한테 꼭 해야 하는 말인가! 화가 났다.

남편은 주변을 정리하기 시작했다. 마누라 덕분에 맛있는 거 많이 먹고 잘 살았다고 말했다. 건강할 때는 내가 만들어 준 어묵 국수와 주먹만 한 유부초밥을 좋아했다. 동태찌개를 안주로 자주 한 잔씩 했다. 국수는 한 양푼씩 먹었다. 맛있다고 나중에 국수 장사 해 보라고 웃으며 말했다.

아이들 키우느라 힘들었는데 명품 가방 하나 선물도 못 했다고 미안하다고 했다. 아무것도 할 줄 모르고 남편 밑에서 살림만 하던 나를 많이 걱정했다. "앞으로 어쩌누!"

남편은 3년을 투병하고 2016년 9월, 56세 나이에 세상을 떠났다. 떠나는 발걸음이 무거웠을 것이다. 가족이 최우선이고 최고인 사람이었다. 동갑내기 친구로 만나 아이 셋 키우며 열심히 살았다. 하루도 약국을 비울 수 없다고 같이 여행 한번 제대로 못 갔다. 너무 이른 나이에 떠났다. 죽음을 앞둔 사람들이 가장 후회하는 것이 더 많이 사랑하고 표현하지 못한 것이라 한다. 따뜻한 말은 미루면 점점 더 말하기 어려워진다. 사랑하는 사람이 어제처럼 항상 가까이 있을 거라 자신하면 안 된다. 남편에게 못다 한 그 말을 가족들과 친구들에게 자주 한다.

오늘은 아이들과 추모 공원을 찾았다. 평소에 좋아하던 쌀 새우

깡, 맥주, 천하장사 소시지, 사과를 준비했다. 예비 며느리와 사위까지 동행했다. 남편의 사진은 변함없이 웃고 있다. 언제 봐도 미남이다. 나는 주절주절 일상의 이야기를 했다. '아들이 결혼한대요. 기쁘지요? 9월이 오면 외할아버지 되는 소식도 있어요! 신나죠? 아이들 많이 축복해 주고 위에서 잘 지켜줘요.' 남편은 좋아서 하루 종일 하하 웃고 있을 것이다.

　남편과의 부부인연은 짧았다. 항상 곁에 있다고 생각하고 열심히 살아가고 있다.

09

전생에 진 빚 갚느라

정도영

우리는 1980년 광주 민주화 운동이 일어난 다음 날 처음 만났다. 해마다 5월 18일이 되면 우리의 첫 만남이 생각난다. 남편은 나의 첫사랑이다. 대학 1학년 때 도산 안창호 선생의 사상과 흥사단 정신을 이어받아 활동하는 흥사단(Young Korea Academy) 동아리에 들어갔다. 1980년 5월 19일, 진주에 있는 대학들의 연합 활동이 있는 날이라 경상대학교에 갔다. 큰 탱크와 총을 든 군인들이 정문을 지키고 있었다. 계엄령이 내려 10명 이상의 집회가 금지되어서 모임이 취소되었다. 그날 친구들과 하동 송림으로 놀러 갔다. 돌아오는 기차를 탔는데 내 옆자리에 어떤 남자가 앉았다. 플랫폼에서 우연히 눈이 마주쳤던 그 사람이었다. 눈이 마주친 그 순간 참 잘생겼다고 생각했다. 그가 말을 걸어와서 몇 마디 말을 주고받았다. 알고 보니 다른 대학의 같은 동아리 선배였다. 군대를 다녀온 76학번 복학생이었다. 집으로 돌아오는 길에 도산 선생 책 2권을 빌려주었다.

5월 20일부터 전국적으로 휴교령이 내려 학교도 가지 못하고 여름 방학을 맞았다. 자취방을 새로 옮겨야 해서 이집 저집 방을 보러 다니다 어느 집에 들러 주인을 찾으니 그 선배가 나왔다. 반가웠다. 그 집은 마음에 들지 않아 친구와 나는 그 앞집에 살게 되었다. 책을 돌려준다는 핑계로 그 선배 집을 찾아갔다.

선배는 우리 학교 2학년 언니들과 복학생 남자들과의 미팅을 주선해 달라고 했다. 미팅하는 날, 각자 파트너끼리 장소를 옮겨 떠나고 나와 그 선배 둘만 남았다. 속으로 은근히 좋았다. 그렇게 우리의 첫 데이트가 시작되었다. 내가 더 많이 좋아했다. 그 사람은 말이 없고 점잖았다. 주로 내가 먼저 만나자 하고 말도 내가 많이 했다. 티격태격도 없이 가끔 소식이 뜸하기도 하고 그렇게 4년이 지났다. 졸업하고 나는 거제도에 있는 초등학교로 발령이 나고 그 선배는 서울로 취직해서 갔다.

첫 여름휴가 때 만나서 하동 쌍계사로 1박 2일 여행을 갔다. 그때 "우리 어머니를 모시고 같이 살 수 있겠냐?"며 선배가 결혼 프러포즈를 했다. "뿌리 없는 나무가 어디 있겠냐."라고 착한 답을 주었다. 나는 원래 시부모와 같이 사는 것에 대해 긍정적이었다. 이 사람을 선택했으면 관련된 주변도 받아들여야 한다는 생각이었다. 결혼을 하고 1년 후 첫아이를 낳았다. 주말 부부였다. 남편과 떨어져 살면서 아이를 낳고 그때부터 시어머니를 모시고 살았다. 막상 같이 사니 맏며느리 노릇을 해야 했다. 시댁의 손님들은 모두 우리 집으로 인사를 왔다. 손님 접대에 용돈까지 챙겨 드렸다.

남편이 막내였지만 집안 대소사나 행사들은 모두 우리 부부가 챙기고 주선해야만 했다. 큰일을 판단하고 결정하는 것은 남편의 선택이 옳았고 소소한 일상들은 내가 잘 챙겼다. 남편은 과묵하며 온화한 성격이라 화를 내는 일이 거의 없었다. 주로 내가 시비를 걸어 싸웠다. 남편은 로맨틱하지 못했다. 영화 보러 가자 하면 비디오테이프 빌려서 보면 된다고 했다. 내가 불만이 있을 땐 남편이 맥주를 한잔하자며 나를 달랬다. 우리 부부는 아주 신나고 재미있게 살지는 않았지만 큰 싸움 없이 그저 담담하고 편안하게 살았다.

2004년 86세인 시어머니는 위 천공 수술을 받게 되었다. 퇴원 후 요양병원에 모시자고 했으나 남편은 "치매가 온 것도 아닌데 요양병원에 보낼 수 없다"는 것이었다. 야속한 생각이 들었다. 시어머니만 생각하고 힘든 내 입장은 헤아려 주지 않았다. 낮에는 친정 큰언니가 돌보고 밤에는 내가 보살펴야 했다. 집에서 누워만 있으니 점점 기력이 떨어졌다. 다리에 힘이 없으니 일어서지를 못했다. 대소변은 환자용 변기를 사용하고 밤에는 기저귀를 채워야만 했다. 누구 하나 목욕 한번 도와주는 사람이 없었다. 혼자서 목욕시키는 것이 가장 힘들었다.

남편은 20대부터 C형 간염 보균자였다. 간이 약한 것은 가족력이기도 했다. 그런데도 술을 좋아해 자주 마셨다. 병원도 가기 싫어해서 온갖 협박을 다 해서 겨우 간 기능 검사를 했다. 수치가 좋지 않아 인터페론 치료를 6개월간 했다. 조금 좋아지자 다시 술을 마셨고 결국 2005년 건강검진에서 간암 선고를 받았다. 다행히 아주 초기였다. 그러나 이미 오랫동안 간염을 앓고 있어 간 상태가 별로 좋지 않았다.

이때부터 나의 모든 생활은 남편의 건강관리에 맞춰졌다. 취미생활, 직장 회식도 하지 않았다. 간암에 관한 정보를 찾아보고 책을 사서 읽었다. 유기농 매장 식재료를 구입해 식사를 준비했다. 식사 후에는 함께 집 근처 학교 운동장을 걸었다. 매일 야채수를 만들고 과일과 점심 도시락을 챙겨서 보냈다. 주말에는 산에 가거나 전원주택을 알아보고 다녔다. 재발할까 봐 노심초사하며 남편 건강관리에 집중했다.

반면 남편은 자신의 건강 상태를 가볍게 인식하는 것 같았다. 일상에 전혀 지장이 없어서 하던 사업을 계속했다. 나 몰래 담배도 계속 피우고 술도 가끔 마셨다. 심한 배신감을 느꼈다. 나는 전력을 다하고 있는데 자기 몸을 위해 술, 담배를 끊지 않는 것이 이해되지 않았다.

남편은 자기 몸보다 아흔이 가까운 시어머니 건강을 더 챙겼다. '나는 뭔가. 도대체 무슨 죄가 있는 거지?' 직장 생활에 환자 둘까지 챙기려고 하니 정말 힘들었다. 몸이 고달픈 것보다 더 힘든 건 자기 자신을 돌보지 않는 남편의 태도 때문에 더 실망하고 좌절했다.

집 앞 학교 옥상을 여러 번 생각했다. '내가 저기서 떨어져 죽으면 저 남자가 달라질까?' 그때마다 아이들이 떠올랐다.

갱년기와 함께 우울증이 왔다. 아이들이 주말이라고 집에 오면 붙들고 하소연했다. 그러다 보면 눈물이 줄줄 흘러내렸다. 작은 애는 "아빠는 달라지지 않을 것이니까 적당히 포기하고, 엄마가 좋아하는 생활도 좀 하고 그렇게 살아"라고 말했지만 그러기가 쉽지 않았다.

절에 기도하러 갔다. 108배를 하는데 눈물이 쏟아졌다. 눈이 뻘건 채로 종무소에 들렀다. "제가 어떻게 하면 남편이 달라지겠습니까?" 하고 주지 스님께 여쭈었다. 스님은 "의지가 약해서 담배를 끊지 못하면, 모른 척하고 그냥 두세요. 스트레스받으며 끊는 것보다 차라리 피는 게 더 낫다."고 했다. '그래, 아무리 말해도 안 되는데 어쩌겠는가. 어차피 겪어야 할 일이라면 편하게 받아들이자. 내가 전생에 남편에게 진 빚이 많아서 그런가 보다. 빚 갚는 거라고 생각하자.' 그러니 마음이 조금 편해졌다. 출장갈 때는 도시락을 싸서 따라갔다. 힘들까 봐 운전도 내가 했다. '불행 속에도 행복은 있는 법' 함께 여행한다고 생각하니 조금은 행복했다.

재발할까 봐 혼자 전력투구했지만 1년 반 만에 다시 암세포가 발견되었다. 그 후 6년간 여러 번의 색전술과 서른세 번의 방사선 치료를 받았지만 좋아지지 않아서 7년 차에 결국 항암 치료에 들어갔다. 1차 표적 치료도 결과가 좋지 않았다. 다른 항암제로 2차 치료를 했다. 구강 점막이 헐고 위 점막이 헐어서 식사하면 곧바로 화장실로 가야만 했다. 몸은 점점 야위고 혈변도 나왔다. 발병하고 9년 만에 2014년 11월 세상을 떠났다. 몸이 주인에게 수 차례

경고를 보냈음에도 무시한 탓이 크다. 독하지 못해서 술, 담배를 끊지 못했다. 처음 치료가 너무 간단하게 끝나고 아무 후유증 없이 일상생활을 하다 보니 암이라는 존재를 가볍게 생각한 것 같다. 예뻐하던 둘째 딸의 결혼식도 못 보고 귀여운 외손녀 얼굴도 못 봤다. 그리움만 남기고 우리 곁을 떠나갔다. 자기 몸을 돌보지 않고 일찍 떠난 게 조금은 원망스럽다. 부부는 혼자가 아니다. 서로를 돌봐야 하지만 가장으로 책임도 다해야 한다. 아이들이 성장해서 살아가는 모습도 함께 지켜봐야 한다.

남편을 만난 지 34년, 4년을 사귀고 결혼하고 아이들 낳고 30년 결혼생활을 했다. 나는 어떤 아내였을까 되돌아봤다. 애교는 없었다. 간섭하거나 잔소리도 많이 하지는 않았다. 누군가 해야 할 일이라면 내가 하자. 그런 마음으로 모든 것은 내가 늘 챙겼다. 시어머니와 26년 함께 살았다. 시댁 조카도 3년간 우리 집에서 대학에 다녔다. 맏며느리처럼 시댁 대소사를 내가 다 챙겼다. 직장 생활을 한다고 가정에 소홀한 것은 나 자신이 허락지 않았다. 김치, 간장, 된장도 직접 담가 먹었다. 가족들의 먹거리는 제대로 해서 먹이고 싶어서였다. 힘은 들었지만 그것이 행복이었다.

10

그때 그 남학생, 인생의 동반자가 되다

조희숙

    고등 2학년 때 남동생의 한 해 선배들과 빵집에서 5 대 5 미팅을 했다. 나는 여학생들의 리더로 친한 친구들을 데리고 나갔다. 메모지에 번호를 써서 남학생은 남학생대로 여학생은 여학생대로 하나씩 나눠 가졌다. 같은 번호표가 짝꿍이 된다. 얼굴에 여드름이 많이 난 몸이 날씬한 남학생 '저 아이만 아니면 좋겠다. 싶었다. 그 남학생이 히죽이 웃고 있었다. 나와 같은 번호표였다.

    그날부터 김중용과 조희숙은 짝꿍이 되었다. 나에게 껌딱지처럼 딱 붙어있었다. 좀처럼 다른 남자를 만날 기회도 없었다. 아련한 첫사랑 추억도 없다. 동갑인 우리는 티격태격했다. 때로는 나를 보호했다. 나를 꼭 집 앞에 데려다주고 막차를 타고 집에 갔다.

    둘이 처음 한 게 많다. 호프집을 처음 가서 생맥주를 먹었다. 교동시장 납작만두, 무침회가 유명한 남도횟집도 갔다. 동아백화점 앞 몽셀 통통 레스토랑에서 피자도 먹었다. 벤허 영화를 보면서 덥석 내 손을 잡았다. 우린 철없고 서툴렀지만 순수했다. 서로 옆에 있어 주었다.

군에 입대할 때 친구들에게 나를 보호해 달라고 부탁했다. 친구들은 그때부터 남편을 팔불출이라고 했다. 지금까지도 그렇게 부른다. 제대할 때까지 기다려 달라 했다. 고무신 거꾸로 신지 않고 의리를 지켰다. 군사우편 찍힌 편지가 몇 박스나 된다. 그리워하게 되었고 사랑을 시작했다. 28세가 되던 해 3월1일 각자의 부모님으로부터 독립 만세를 부르며 부부가 되었다.

오래 사귀어 서로 잘 안다고 생각했다. 하지만 연애는 연애, 결혼은 결혼이었다. 남편은 생각보다 보수적이고 가부장적이다. 신혼 1년이 가장 힘들었다. 종갓집 맏며느리로 집안일 배우고 익혀야 했다. 명절 두 번과 아버지 제사가 전부였던 우리 집과는 달랐다. 엄마가 나를 시집보낼 때 걱정했다. "종갓집이면 얼마나 할 일이 많은 줄 아니!" 콩깍지가 씌어 그 말이 무슨 말인지도 몰랐다. 매년 새해 달력을 받으면 11번의 제사를 가장 먼저 표시했다. 결혼은 현실이었다. 시댁이라는 낯선 환경도 힘들고 회식한다고 술 먹고 거의 매일 늦게 오는 신랑도 미웠다.

시할머니까지 함께 살았던 어머님의 생활이 얼마나 힘이 들었을지 내가 상상할 수 없을 정도였다. 나는 호된 시집살이는 안 했다. 시어머니는 우리끼리 재미있게 살라고 하며 일찍 분가시켜 주었다. 자식들에게 온화하고 너그러운 분이셨다. 남편은 나에게 딱 두 가지 당부를 했다. 첫 번째 어머님이 틀린 말을 하더라도 대꾸하지 말고 무조건 "예" 해달라는 것과 제사에 관해 이야기하지 말라고 하는 것이었다. 약속은 지키고 살았다. 이제 제사도 몇 년 전부터 많이 줄였다.

마흔 살 초반에 남편의 췌장 쪽에 문제가 생겼다. 다행히 암은 아니었다. '술독'이라는 별명을 가질 만큼 술자리를 많이 하더니 결국 탈이 났다. 여러 가지 검사로 병원 입퇴원을 반복하면서 내 속을 어지간히도 태웠다. 대구에서 입원해 치료받던 중 피를 토했다. 앰뷸런스를 타고 급하게 서울에 있는 병원으로 옮겼다. 다리가 풀리고 눈앞에는 아무것도 보이지 않았다. 남편을 살려야 했다. 어린 아이들을 보니 눈물도 나지 않았다. 정신 차려야 했다.

서울에 계신 엄마가 매일 병원에 가 주었다. 우리 가족을 위해 기도해 주었다. 매주 일요일 일이 늦게 끝나면 월요일 휴무를 내고 기차를 타고 서울병원으로 갔다. 남편은 내가 오는 날만 기다리고 있었다. 검사로 금식을 많이 한 남편은 살이 다 빠져 있었다. 몇 번을 그렇게 서울을 오가다가 대구로 내려오는 기차 안에서 회사를 그만둘 결심을 했다. 그간 남편에게 미안한 일만 떠올랐다. 챙겨주고 싶었다.

나는 그 당시 매출실적이 좋았다. 동종업계에서는 상위 1%에 속할 정도로 돈을 벌고 있었다. 회사에서는 병가를 내라고 나를 설득했다. 더 이상 고민하지 않았다.

회사 그만두고 남편과 시간을 많이 보냈다. 황토 찜질방이 몸에 좋다 해서 자주 갔다. 산, 바다, 들로 가보고 싶은 곳을 찾아다녔다, 몸에 좋은 음식도 먹으러 다니고 남편이 좋아하는 음식도 정성껏 해주었다. 일에 지친 나에게도 몇 달은 휴식이었고 에너지 충전을 할 수 있는 시간이 되었다. 시간의 여유가 소중하다는 것을 알게 되었다. 남편도 빠르게 회복했다. 지금은 건강하게 일하고 꼬박꼬박 월세 주듯 나에게 입금해 주니 나는 우리 집 건물주라 부른다. 일을 쉬고 있는 동안 여러 곳에서 제의가 왔다. 예전에 했던 브랜드를 다시 맡게 되었다. 감사한 일이다.

맞벌이 부부로 바쁘게 사느라 남편을 잘 못 챙겼다. 지금도 하고 싶은 일이 자꾸 생기니 나는 아내로서는 점수는 못 받겠다. 나도 남편도 경험 없이 처음이라 실수투성이고 서로 상처 주는 말로 아프게 한 시간도 많다. 신혼 때 당부한 두 가지 말고는 거의 내가 하자는 대로 따라 주는 착한 남편이다. 버럭 하는 성질만 좀 버려주면 더 바랄 것이 없겠다. 그래도 엄마는 늘 막내 사위는 연한 배 같다고 이야기했다. 나보다 더 싹싹하게 엄마를 대했으니까. 어머님도 우리 곁을 너무 빨리 떠나셨다. 남편은 어머님께 못다 한 것을 우리 가족들에게 대신 잘하고 있다.

남편과 나는 대학교에 새로 입학해 이제 4학년이 되었다. 얼마 전 같이 절에 다녀오면서 서로의 마음을 이야기했다. '나이가 들어갈수록 건강을 먼저 챙기자. 만약에 서로를 알아보지 못하는 병이 온다면 우리 서운해 하지 말고 병원에 보내자고 내가 이야기했다.

가만히 듣고 있던 남편이 "나는 병원으로 보내라, 나는 내 손으로 당신 간호 다 할 거다." 순간 무슨 말을 해야 할지 생각이 나질 않았다. 고마웠다. 울컥해진 마음에 말없이 한참을 걷다가 손을 잡았다. "우리도 부모님들처럼 아이들에게 좋은 정원이 되고 쉼터가 됩시다." 했다.

이제 남편의 머리에도 하얀 서리가 내렸다.
남남이 만나 부부로 살아간다는 것은 쉬운 일은 아니다. 절망했고 포기도 했던 시간 그래도 함께 온 시간 서로 참아가며 인내했다. 그 속에 기쁨도 슬픔도 함께했으니, 남편은 내 곁에 있어야 사람이다.
나보다 더 나를 걱정해 주는 단 한 사람 내 남편 김중용 씨 "나와 아이들을 사랑해 주셔서 참 고맙습니다."

제3장

엄마를 선택해 줘서
고마워

01

질주하는 엄마

구영애

    책을 좋아하는 아이로 키우고 싶었다. 하루 종일 필라테스 수업 하고 집에 와서 목이 아파도 꾹 참고, 잠들기 전까지 책을 읽어 주었다. 세상의 모든 책을 다 사주고 싶었다. 거실, 아들 방, 베란다 까지도 책으로 가득 채웠다. 남편의 잔소리도 한쪽 귀로 흘렸다. 아이가 무엇을 원하는지 알지 못했다.

    5살 때부터 유치원을 보냈다. 3시 하원을 하면 함께 보낼 수 있는 시간이 2시간뿐이었다. 필라테스 수업이 5시부터 10시까지 꽉 차 있었다. 아들에게 제일 많이 한 말이 "빨리빨리 해!"이다. 가르치고 싶은 것이 많았다. 일주일 학원 스케줄이 빡빡했다. 피아노, 바이올린, 드럼, 기타, 댄스, 학습지로 나오는 모든 수업 프로그램을 했다. 일요일은 문화센터도 나갔다. 일하는 엄마의 미안함 때문이었다. 기회가 될 때마다 문화탐방, 박물관 빼놓지 않고 바쁘게 다녔다.

    초등학생이 되었다. 1학년 받아쓰기 점수가 곧 엄마의 자존심

같았다. 졸린다는 아들을 매일 밤 책상에 앉혔다. 아들은 받아쓰기 100점엔 관심도 없다. 나 혼자 안달이다. 꾸벅꾸벅 졸고 있는 아들을 혼냈다. 공부하기 싫어하는 아들을 어떻게 하나! 가슴이 답답했다. 아이들 성향 잘 봐준다는 철학관 소개를 받아 찾아가 물은 적도 있다.

"보살님 우리 아들은 왜 이리 공부를 안 할까요? 혹시 따로 타고난 성향이 있을까요?"

나중에야 그 답을 알게 되었다. 초등학교 2학년 여름 롤러스케이트를 타다 넘어져 응급실에 갔다. 뇌 CT를 찍고 검사 결과를 기다렸다. 응급실 담당 의사 선생님이 말했다.

"아들 학교 공부 잘 못 따라가죠? 전두엽 발달이 늦네요. 전두엽은 엄마 사랑을 부족하다고 느끼면 발달이 늦어져요."

심장이 쿵 내려앉았다. '내 잘못이구나!' 친정에 아들을 맡기고 남편과 맞벌이했었다. 엄마 사랑을 제대로 못 받은 아들에게 너무 미안했다. 4학년 여름 방학 때 공부방 선생님이 병원 검사를 권유했다.

"어머니, 성민이가 수업 시간에 집중 못 합니다. ADHD 검사를 한번 받아 보는 게 어떨까요?"

딴 세상 이야기인 줄 알았다. 우리 아들이 ADHD라니 눈물이 주르륵 흘렀다. 대구 동산 병원에 예약하고 검사를 했다. 병원 치료실엔 6~7세로 보이는 아이들이 놀이 치료를 하고 있었다. 아들 혼자 진료실에 보내고 복도 소파에서 기다렸다. 손에서 땀이 났다.

"아들에겐 아무 문제 없습니다. 어머니가 검사를 한번 받아 보시는 것이 좋을듯합니다. 아이에게 너무 많은 걸 시키지 마세요. 그리고 좀 느긋하게 기다려 주세요."

'내 욕심 때문에 우리 아들이 아주 힘들었겠구나!' 상처 입은 아들을 어떻게 하면 좋을까 고민이었다. 필라테스를 배우는 회원 중 심리치료사가 있었다. 마침 심리치료실을 오픈한다고 연락이 왔다. 심리치료를 하면 상처 치유가 될 수 있겠다는 희망이 생겼다. 우리 가족 모두 심리검사를 했다. 아들 검사만 3시간이 걸렸다. 우리 부부는 2시간 동안 엄청난 양의 질문지에 체크해 나가기 시작했다. '심리치료만 하면 공부도 잘하겠지'라는 욕심을 내며 결과를 기다렸다.

"성민이는 느리지만 내면이 강한 아이입니다."

우리 아들은 조금 느리게 받아들이고 천천히 성장해야 한다는 결과를 받았다. 결과는 아들과 나는 완전히 반대 성향이었다. 엄마의 색깔에 끼워서 맞추지 말라고 당부해 주었다. 심리치료는 안 해도 된다고 했다. '이제 어쩌나! 내가 어떻게 해줘야 하나?' 심리치료사 선생님의 말씀이 떠올랐다.

"성민이에게 여행을 강요하지 마세요. 엄마가 억지로 보내는 여행에서 스트레스를 받고 있습니다. 충분히 자기만의 세상을 잘 만들고 성장시킬 수 있는 아이입니다."

치료사 선생님도 아들과 비슷한 성향이라고 했다. 너무 걱정하지 말라고 했다. 마음이 놓이지 않았다. '아니야! 선생님이 틀렸어! 여행으로 세상을 겪어보고 몸으로 부딪쳐 봐야 해.' 또 내 방식대로 해석했다. 공부는 조금만 하기로 했다. 학원가는 날을 줄였다. 여행 보내는 것은 포기할 수가 없었다. '여행으로 크는 아이들' 본사가 대구에 있다. 큰 배낭 하나 들려 미국까지 혼자 보냈다. 의사 선생님 말씀을 듣지 않았다. 나만의 질주는 계속되었다.

초등학교 졸업 후 중학교에 보내지 않고 필리핀으로 보냈다. 영어를 위해 필리핀에 있는 지인에게 부탁했다. 필리핀에서 2년 동안 영어 공부하고, 캐나다로 유학 보내려는 계획이었다. 아들은 필리핀에서 1년 만에 한국으로 돌아왔다. 매일 영어단어 600개를 외어야 했다. 다 외울 때까지 집에 가지 못했다. 학원에서 체벌도 당했다고 했다. 아들은 지금도 필리핀에서 보낸 1년이 제일 힘들고 끔찍했다고 말한다. 공부 잘하는 아들 만들기는 실패다.

아들은 집에서 내가 만든 음식에 간을 잘 맞춘다. 제주도의 유명 김밥집의 비법을 한방에 알아차린다. 지인들이랑 가서 몇 번을 먹어도 뭐가 들어가서 고소한지 알아차릴 수가 없었다. 가족여행을 가서 또 그 집을 찾아가 보았다.

"성민아, 이 김밥이 왜 이리 고소하고 쫄깃쫄깃하지?"
"엄마! 이거 돼지껍질을 튀겨서 아주 잘게 썰어 넣었네!"

아들 말을 듣고 다시 먹어 보니 쫄깃쫄깃한 식감과 고소함이 돼지껍질이 맞았다.

아들은 호텔조리학과에서 요리를 전공 중이다. 각종 대회에 나가 경험을 쌓고 있다. 다양한 요리를 배우며 천천히 그 길을 준비하고 있다. 입대하면서는 취사병 지원해서 많은 양의 음식도 해보고 싶다고 했다. 군 복무를 잘 마치고 제대했다. 복학하기 전 시간이 있어 일본으로 한 달간 여행 다녀오겠다고 했다. 엄마가 계획한 여행이 아니었다. 스스로 정하고 가는 길이었다. 이런저런 걱정이 들었다. 아무 말 하지 않고 응원만 했다.

오사카, 도쿄, 여러 도시를 여행하며 찍은 사진을 보내왔다. 삿포로 넓은 눈밭에 한그루 서 있는 나무를 보러 간다고 했다. 맛집 투어도 하며 여유롭게 잘 다니고 있었다. 마지막 일주일은 다시 도쿄로 내려왔다고 했다. 낯선 곳에서 두려움 없이 혼자만의 시간을 잘 보내고 있었다. 사진 속에서 환하게 웃고 있는 성민이는 행복해 보였다. 방향도 속도도 스스로 정해 가고 있는 길이기 때문일 것이다.

'사랑'이라는 이유로 아이 등 떠밀었다. 엄마의 욕심을 채우려 했다. 나만의 질주였다. 엄마의 수많은 방해 공작에도 잘 자라주었다. 부모란 손잡고 천천히 걸어가 주는 사람이어야 했다. 혼자 갈 수 있다고 하면 등 뒤에서 응원해 주고 기다려 주어야 했다. 20년 세월을 보내고 나서야 아들의 선택을 기다리고 지켜봐 주는 엄마가 되었다.

02

엄마를 준비하는 딸, 결혼하는 아들에게

권경희

   예슬아! 네가 다섯 살 때. 엄마는 일을 시작했어. 너와 보내는 시간이 짧았지. 퇴근 후 널 업고 자장가를 불러 주었는데 '엄마는 섬 그늘에 굴 따러 가고. 아기는 혼자 남아 스르르 잠이 듭니다.' 같이 부르다가 이 가사에서 난 헛기침했고 등에 업혀 있는 넌 훌쩍거리며 등이 축축해졌어. 그러다 넌 잠이 들었지. 금방 핸드폰에서 동요를 찾았어. 반주를 듣는 순간 눈앞이 흐려지네. 일하는 엄마로 살다 보면 놓치는 것도 있었지. 하지만 얻는 건 더 많았어.

   엄마와 지내는 시간이 많지 않아 속상했지. 알고 있으면서 맞벌이를 계속한 것은 능력 있는 엄마가 되고 싶었기 때문이야. 폼나게 살고도 싶었어. 너에게 필요한 모든 것을 망설임 없이 해주고 싶었어. 초등학교 때 제주도에서 하는 연세대 영어 캠프 한 달씩 갔었지. 그때 눈이 엄청 많이 내리는 제주도를 보면서 그곳에서 살고 싶다고 했어. 넌 지금도 그곳을 유럽보다 더 좋다고 해. 초등학교 전교 부회장 선거 준비할 때 사진 오려 붙이고 피켓 함께 밤늦게까지 만들었어. 하루 종일 일하고 와서도 하나도 안 피곤했어. 전교 활동 때 난 스케줄 조정하면서 학교와 너를 도왔지. 5학년 겨울 방학 때 영어 선생님 집이 있는 플로리다에 한 달 있을 기회가 생겼어. 네가 원했고, 비용 걱정 없이 보낼 수 있어서 엄마는 뿌듯했어. 중학교 들어가면서 그림에 관심이 있는 너에게 유럽에 있는 미술관을 보여주고 싶었어. 7박 8일 여행 계획을 세웠지. 휴무일을 맞춰야 하니 직원들 쉬게 하고 엄마는 한 달을 쉬지 못하고 꼬박 일했지. 그래도 힘들지 않았어.

예슬이 여섯 살 때부터 이모가 너희들을 돌봐줬어. 네가 수두를 할 때 긁으면 흉 생긴다고 손톱에 봉선화 물들인다며 꽃잎을 찧어 열 손가락에 얹어놓았대. 곱게 물든 손톱을 쏙 내밀며 자랑했어. 넌 뭣 때문인지 몰랐지. 잘 놀다가도 갑자기 열이 나면 너를 업고 병원으로 뛰어 간 사람도 이모였어. 엄마 자리를 꽉 채워준 이모가 특별하다고 한 너의 말이 고마웠어. 엄마에게는 용돈을 못 줘도 이모에게는 꼭 줄 거야 했어. 이모가 급한 일 생겨 시간 맞춰 못 오면 옆에 살고 있던 할머니 집에 갔지. '우리 예슬이 왔나.' 하시며 하얀 밥에 참기름 넣고 비벼 주시던 그 밥 가끔 생각난다며 말했지. 오늘 너랑 만들어 먹어야겠다.

엄마를 닮아 너도 눈물이 많지. 네가 중학교 2학년 때 울면서 말했어. 초등학교 공개 수업에 엄마가 안 와서 많이 울었다고. 비 오는 날 우산 들고 데리러 오는 엄마가 부러웠다고 했어. 그러던 꼬맹이가 이제는 미술학원 원장 선생님이 되었네. 넌 비 오는 날이면

허둥지둥 우산을 들고 학교 앞으로 학원 아이들 마중 간다고 했어. 그 말을 듣는 순간 콧등이 찡했지.
어린 시절에 엄마하고의 추억 생각나는 게 있냐고 이 글을 쓰면서 너에게 물었지. 너는 울먹이면서 말했어.

"엄마, 난 학원 문을 열고 들어가면서 '엄마가 전화했을 텐데요.'라는 이 말이 정말 하기가 싫었어."

너희들 학교 보내고 준비해서 바쁘게 출근해야 했거든. 매장 문을 열어야 하니 오전에 시간을 내기가 어려웠어. 학원에 찾아갈 시간은 안 되고 전화로만 상담했어. 난 생각지도 못한 일이었는데 너에게 상처로 남아 있을 줄 몰랐어.
이제 곧 엄마가 되네. 나이가 들어가면서 자연스럽게 이루어지는 과정이지. 여자에서 엄마로 그리고 다시 내 자신의 모습만으로 돌아오게 돼. 현명하게 일과 여가의 균형을 맞춰서 살아가기를 바라. 엄마에게서 부족했던 것 기억 해두었다가 상처와 후회 남지 않도록 하렴. 네가 병원 가는 날, 다섯 살 때처럼 쉴 새 없이 물었어. '엄마, 입덧은 했어? 난 아기 때 어땠어?' 몇 번을 말했는데 또 물어봤어. 널 가졌을 때 입덧이 심해서 귤만 먹었어. '나도 엄마를 닮겠지.' 예쁜 아기 낳아서 너처럼 인성을 갖춘 성인이 되도록 키우길 바라.

진형아! 초등학교 4학년 때 꽃밭에서 넘어져 팔을 다쳤지. 전신 마취를 하고 수술실 들어갔어. 문밖에서 기도하며 기다렸고 큰문이 열리면서 의사 선생님이 나왔어. '수술 잘되었습니다.' 자라면서 양팔 길이가 차이 날 수 있으니 자주 비교해 보라고 했어. 이상 없이 건강한 성인이 되었네. 군 복무 후 대학교 복학 전에 캐나다 어학연수를 보냈지. 우리 둘이 떠났던 몇 번의 해외여행. 아버지와의 크루즈 여행. 일하는 중 바쁜 시간을 쪼개서 다녔지. 여행으로 많은 경험을 하게 해주고 싶었어. 일하는 엄마였기에 가능했어.

중학교 2학년 때었어. 정확하게 기억나진 않지만 뭔가를 하라고 했더니 "제가 알아서 해요."라고 했지. 이 말을 시작으로 사춘기가 왔구나 했는데 잘 지나갔어. 대학교 3학년 때 일하는 엄마가 어떠냐고 물었지. 경제적으로 여유 있었고 사업하고 있는 엄마가 멋졌다고 했어. 넌 부정이 없어. 모든 것이 긍정이지. 예슬이는 한 번씩 이렇게 말했어. '나도 매사에 늘 좋다고 말하는 오빠처럼 낳아주지. 이렇게 예민하게 낳았냐고.' 엄마 아빠가 맞벌이한 덕에 우린 원 없이 배우고 경험했고 필요한 것은 가져봤다며 둘이 서로 마주 보면서 '맞아, 정말 그랬어.' 하며 웃었지.

그 말 들었을 때 함께하지 못했던 시간에 미안한 마음을 조금 내려놓을 수 있었어. 잘 자라줘서 고마워. 일하는 보람이 이런 건가 우쭐했어. 엄마 아들이 되어 멋진 성인으로 성장해 주어서 고마워. 환하게 웃는 모습이 늘 엄마를 기쁘게 하지. 예쁜 색시 만나 24년 6월에 결혼이지. 너희 둘이 꿈꾸고 그려왔던 미래를 위해 멋지게 살아보렴.

　진형아, 예슬아!
　너희를 생각하며 글을 쓰려니 처음에는 미안함에 눈물만 나더라. 그래서 바쁜 중에도 함께 했던 시간을 다시 생각해 봤어. 일하는 엄마였기에 너희가 누릴 수 있었던 다양한 경험의 시간이 있었어. 산 좋고 물 좋은데 정자까지 좋은 곳은 없다며 외할머니 늘 말씀하셨어. 엄마도 일하면서 힘든 적 많았어. 일을 하면서 성취감도 느끼고 자존감도 높아졌어. 일하다 보면 마음대로 안 될 때도 많아. 그럴 땐 빨리 현실을 받아들이는 게 좋아. 바꿀 수 있는 일에 집중하고, 아니라면 놓아버려야 스트레스가 없어.
　예슬이 일 욕심은 나를 닮았어. 일과 배움 없는 시간을 견디기 힘들어하지. 이제 너희들이 결혼하고 부모가 되는구나. 새로운 삶이 시작될 거야. 너희들이 살아가는 방식을 존중해.
　아들아, 딸아. 엄마가 60년을 살아보니 인생 별거 없더라. 무슨 일이 있어도 삶의 즐거움을 잃지 말고 살아. 아는 것은 좋아하는 것만 못하고 좋아하는 것은 즐기는 것만 못하단다. 따뜻한 햇살 같은 너희들을 사랑해. 엄마처럼 살지 마라 되지 않게 엄마도 지금처럼 계속 멋지게 살아갈 거야.

03
기다려 주는 것은 아이에게 줄 수 있는 최고의 선물

김경랑

나는 부모님이 결혼하고 9년 만에 태어났다. 친정엄마처럼 아이가 바로 생기지 않을까 걱정했었다.

2000년, 세기가 바뀐다고 떠들썩했다. 신혼부부들은 너도나도 즈믄둥이를 기대했다. 그해 우리에게 아이가 생겼다. 준비 없이 농부가 되었고 엄마가 되었다. 아이는 그네를 태우면 까르르 웃다가 잠들었다. 기저귀를 떼려고 앉혀 놓은 유아용 변기에서 잠들었다. 밥숟가락을 쥐고부터는 먹다가 졸기도 했다. 아이는 존재만으로도 행복했다. 우는 아이가 보고 싶어서 일부러 꼬집어도 봤다. 문지방에서 내려오지 못하고 우는 아이가 귀여웠다. 첫째 아이는 순한 맛이었다. 둘째 아이는 태어날 때부터 요란뻑적지근했다. 아이도 엄마도 고생 끝에 만났다. 초유도 빨지 못한 아이는 예민했다. 성격도 까칠했다. 고집대로 되지 않으면 기어서 벽에 머리를 박았다. 젖도 주지 못하고 맘껏 안아 주지도 못한 둘째에겐 미안함이 있다. 매운맛 둘째 아이는 중2쯤 순한 맛으로 변했다.

형제는 싸우는 일이 없었다. 동생이 친척에게 받은 용돈을 잃어버리자 혼날까 봐 자기 용돈을 몰래 찔러 넣어 주는 형이었다. 도발하는 동생을 참아주는 것이 안타까워 주먹을 쥐고 코를 때리라 한 적이 있다.

"엄마는 그러고 싶어?"
"때리면 안 되는 거 알지?"

내가 할 소리를 했다. 말랑하지만 단단한 아이다. 둘째 아이의 친구들은 그런 형이 있는 작은 아들을 부러워했다.

농부가 되어 시골로 왔고 시골의 작은 학교를 보내리라 생각했다. 아이들에게 할아버지, 할머니의 기억이 많았으면 좋겠다 싶어 같이 살 궁리도 했었다. 갑작스러운 시어머니의 사고와 바삐 떠난 시아버지 때문에 시내로 이사했다. 우리에게는 새로운 환경이 필요했다. 새로 지은 아파트 1층으로 이사 왔다. 아파트지만 맘껏 뛸 수 있어야 했다. 여섯 살, 여덟 살의 남자아이에게 매일 가만히 있으라고 주문하기 싫었다. 집에 놀러 온 아이들은 뛰어다니다가 갑자기 얼음이 되어 "어! 아줌마 막 뛰어도 되나요?" 묻기도 했다. 동네 아이들에게 우리 집은 놀이터였다.

지금도 주말이면 아이들 방은 1박을 하려는 친구들로 한가득이다. 어릴 적엔 밥도 챙겨주고 간식도 챙겨주었던 아이들이 이젠 장을 봐온다. 어머니라 부르며 오랜만에 오는 친구들은 넙죽 절도 한다. 아이들은 이제 다 커 성인이 되었고 우리 집은 아직도 어릴 적 친구들의 아지트다. 두 아들 방은 이제 수염이 뽀송한 총각들로 가득 찬다.

우리는 아이들과 친구처럼 지낸다. 어떤 얘기도 나눌 수 있는 부모이길 바랐다. 어릴 적 두 아들을 태우고 가다가 "거기에 털이 났느냐? 났으면 한 올에 만 원씩 주마. 다만 보여준다면…." 둘째 아이는 "아빤 부자 되겠다"라며 싱글벙글했다. 사춘기의 두 아들에게 첫 경험의 아름다운 순간도 응원했다. 점점 어른이 되어가는 아이들과 "라떼는 말이야" 타령도 재밌다.

2002년 우리나라에서 한일 월드컵이 열렸다. 둘째 아이는 배 속에 있었다. 그때의 흥분과 긴장, 열광은 고스란히 아이에게 전달됐나 보다. 물건을 잡을 힘이 생기자, 색연필을 들고 태극기를 그렸다. 스케치북 한가득 무당벌레도 그렸다. 붉은색 검은색으로 스케치북을 가득 채웠다. 아이가 배 속에 있을 때 본 것, 한 것, 먹은 음식, 느낀 감정을 그대로 다시 보는 듯했다.

우리는 아이들을 키우면서는 많은 것을 같이 하자 했다. 가족이 함께하는 여행을 많이 다녔다. 학원비로 나갈 돈은 여행경비가 됐다. 일본을 시작으로 유럽, 중국, 터키, 러시아 등 코로나로 멈추기 전까지 열심히 다녔다. 학교 밖은 뻔하지 않은 즐거움으로 넘쳐났다. 여행은 지금도 진행 중이다.

아이와 함께한다는 것은 기쁜 일은 더 기뻐지고 슬픈 일은 더 슬퍼지는 일이라고 했다. 부모가 이끄는 대로 따라오는 아이와 어느 것 하나 순응하지 않고 자기의 세계를 고집하는 두 아들을 키웠다.

둘째 아이는 중학교 시절 다니던 영어학원에서 쫓겨난 적이 있다. 아이는 그림을 잘 그린다. 앉으면 그린다. 어디든 그릴 공간만 있으면 그린다. 손등에도 그리고 팔뚝에도 그렸다. 한 학기별로 꿈이 바뀌던 나이였다. 당시는 타투이스트가 꿈이었다. 그리고 대학은 가지 않을 거라고 말한 것이 쫓겨난 이유였다. 일주일 중 왜 5일을 등교하고 이틀을 노는지, 이틀 학교 가고 5일 쉬면 왜 안 되느냐 묻는 아이였다. 원장의 눈에 우리 아이는 이해할 수 없는 아이였다.

나는 꿈도 맘대로 꾸지 못하게 하는 어른들의 현실이 슬펐다. 아무 꿈이나 꾸지 못하게 하는 어른들 때문에 어떤 꿈도 꾸지 않는 아이가 되지 않길 바랐다. 꿈마저 부모가 만들어 주고 테두리 밖으로 나가지 못하게 하는 것이 행복이라 믿는 어른들이 안타깝다.

샴페인은 우리 집 고양이다. 작은아이가 친구 집에서 보고 온 고양이에 홀려 한 달을 졸랐다. 동물을 키울 자신이 없었다. 처음으로 학교 영어시험 백 점의 보상으로 고양이를 걸었다. 별 가능성이 없어 보여서 한 내기였다. 아이는 100점을 받았고 샴페인이 우리 집에 오게 되었다. "아들! 한다면 하는구나!" 마음이 놓였다. 둘째 아이는 고등학교에 가서도 그리기를 멈추지 않았다. 자연스레 미대 오빠를 기대했다. 입시 미술은 아이의 행복한 그리기를 빼앗아 갔다. 그리고 미술로 대학은 가지 않는다 선언했다. 우리는 아이의 의견을 존중했다. 대학이 목표가 아닌 아이에게 맹목적인 진학 요구는 아이의 행복에 도움이 되지 않았다. 때가 되면 자기의 길을 찾을 수 있으리라 믿었다. 체험 같은 1년의 대학 생활을 마친 아이는 입대 전 편입에 필요한 학점을 착실히 따고 전역 후 할 일들을 준비한 후 입대했다.

다 큰 아이들은 아빠와 장난을 친다. 가끔 친구들과 있는 것보다 편하다며 웃는다. 두 아이는 모두 군대를 마치고 예비군이 되었다. 30년 전 전역 한 셋째아들까지 내겐 군필 아들이 셋이다. 두 아들은 각자의 자리에서 자신의 앞날을 준비하고 있다. 순한 맛 첫 아이만을 키웠다면 부모는 그저 되는 줄 알았을 것이다. 둘째를 키우며 부모는 겸손해야 한다는 것을 알았다. 아이가 독립하여 자기의 인생을 살기까지 부모가 해줄 수 있는 일은 믿고 기다려 주는 것인 것을 알아간다. 우리는 아이들에게 세상 밖으로 거침없이 나가라 문을 열어주었다. 흔들리지 않고 굳건히 자리를 지키며 아이들이 각자의 속도로 갈 수 있도록 바라본다.

04

내가 낳은 아이들이 맞나?

김수하

나는 저질 체력이었다. 늦은 밤 집에 돌아와 첫째가 뭔가를 먹고 싶어 하는데 일어나질 못했다. 낮에 일하느라 에너지를 다 소진하고 집에 돌아오면 지쳐 쓰러졌다. 친정어머니가 돌봐주지 않았다면 어린 형제들을 어떻게 키웠겠나 싶다. 아이들도 나의 상황을 이해하는지 큰 어려움 없이 키웠다.

지금까지 아무리 생각해도 풀리지 않는 의문이 하나 있다. 백일 무렵이었나? 여름이었다. 나는 이질에 걸려 토하고 설사를 반복하며 물 한 모금 제대로 마시지 못해 사경을 헤매고 있었다. 남편은 밤늦게 돌아왔다. 그런데 신기한 것이 겨우 삼 개월 남짓 된 아기가 종일 젖 달라 울지도 보채지도 않은 채 잠만 잤다. 엄마가 아파서 젖을 줄 수 없는 상태라는 걸 알았던 걸까? 젖을 자주 먹고 싸고 울고 할 시기인데 말이다. 지금 와 생각해 봐도 어찌 그럴 수 있었는지 이해되지 않는 일이다.

많이 움직이는 아이였다. 18개월 기저귀를 찰 때다. 그때부터 망

태기를 어깨에 메고 집주변 야트막한 산을 쏘다녔다. 뱀 때문에 신겨놓은 가죽 부츠가 다 닳을 정도였다. 어느 날 조용해서 찾아보면 방 한구석에서 자고 있다. 이마를 만져보면 열이 나서 뜨거웠다. 울거나 보채야 얼른 알게 될 텐데 그러지 않았다. 내가 책을 읽을 때도 방해하지 않았다. 머리를 내 손끝으로 향한 채 옆에 누워 놓았다. 한 권을 덮고 다른 책을 열면 그때서야 울면서 말했다. "엄마 또 볼라꼬?" 그 말에 터져 나오는 웃음을 참으며 나는 책을 덮고 말았다. 신통하기만 한 아들이었다.

첫째가 초등학교 입학할 무렵 일을 시작했다. 한창 준비물이며 숙제며 손이 많이 갈 시기였다. 일을 시작하기 전에도 농사 뒷바라지며 어른들 시중을 드느라 애들한테는 신경을 많이 써주지 못했다. 학교가 끝나면 숙제도 안 하고 동네 친구들과 이리저리 몰려다녔다. 논밭의 짚 더미에서 뒹굴고 놀거나 개울에서 물놀이했다. 머리에 이가 바글바글할 때도 있었다.

입학 후 얼마 되지 않아 받아쓰기한 시험지를 가져왔다. 열 개 중 세 개만 맞았다. 막상 그런 점수를 받아오니 기가 막혔다. 언니 오빠에게 한글을 깨치고 입학한 나는 한글은 저절로 알게 되는 줄 알았다.

첫째가 대여섯 살까지는 내가 집에서 살림만 하던 때라 사진을 많이 찍어줬다. 네 살 터울의 동생이 태어날 때까지 사랑을 독차지했다. 첫째 혼자만 찍은 사진첩이 다섯 개 정도 있었다. 집에 불이 나서 다 없어졌다. 너무나 귀하고 아까운 사진들이다. 녹음도 했었다. 녹음테이프는 첫째가 고등학교 시절 만지다가 지워지고 말았다. 다시는 들을 수 없는 어릴 적 목소리 녹음테이프였다.

초등학교 4학년 때 과학 경시대회에 나가 입상했다. 담임 선생님 말씀이 고학년들이나 할 수 있는 수준이라고 했다. 집 전화기를 분해해서 못쓰게 됐다. 뭐든지 분해하고 조립하는 걸 즐겼다. 돈을 주면 먹을 것을 사지 않고 만들기를 샀다. 시댁 부엌에서 씻느라 해체해 놓은 믹서를 거뜬하게 조립하는 걸 보고 놀란 적이 있다. 경운기 시동도 어떻게 알았는지 잘도 걸어놓았다. 나는 아이의 손재주를 살리고 싶었다. 남편이 반대했다. 기술자가 되는 것이 싫다는 것이 이유였다. 아들은 아빠에게 불만이 많았다. 초등학교 때 가족과의 약속을 잘 지키지 않는 아빠에 대해 불만을 토로했다. 나도 남편이 마음에 들지 않았지만, 아들에게는 잘 타일렀다.

둘째는 저절로 키운 자식이다. 첫째가 아기 때 너무 잠이 없고 먹지를 않아서 둘째를 가졌을 때 잘 먹고 잘 자기만을 바랐다. 그 바람 때문인지 정말로 잘 먹고 잘 자고 크게 병치레 안 하고 컸다. 감기도 잘 걸리지 않았다. 첫째와 네 살 터울인데 체격으로는 두 살 정도 차이로 보였다. 편도 2km 산길을 걸어서 유치원에 다녔다. 첫째는 제 가방까지 동생에게 맡겨 가방 두 개를 앞과 뒤로 메고 다녔다. 초등학교 삼 학년 때 뇌수막염 걸린 거랑 예방접종 말고는 병원 간 기억이 없다.

첫째와 달리 행동이 느렸다. 집에서는 밥을 늦게 먹었는데 학교에선 어떨까 궁금했다. 초등학교 4학년쯤이었다. 제 형과 얘기 중에 삼국지를 다 봤다고 한다. "아니 언제?" 내가 놀라서 물었다. 점심시간마다 도서관에 매일 갔다는 거다. 학교 앞 찻길 건너편에 도서관이 있다. 신기했다. 언제 밥을 먹고 길 건너 도서관까지 가서 책을 다 봤단 말인가. 중학교 3학년 겨울 방학 때 기숙학원에 보냈다. 그때 오랫동안 책상에 앉아 있는 훈련이 됐다. 주말에는 밤 열두 시에 데리러 갔다. 언양에 학원이 있었다. 산을 넘어야 했다. 출발할 땐 비가 내렸다가 가는 도중에 눈으로 바뀌었다. 학원 앞에는 아빠 혼자이거나 부모가 함께 와 있었다. 데리러 올 사람이 없었던 둘째의 친구 한 명을 같이 태워 눈 내리는 가지산을 넘어왔다. 미끄러운 밤길을 조심하며 넘어왔다. 공부하는 아들을 데리고 돌아오는 밤길은 위험했으나 마음만은 푸근했다. 고등학교 입학 후 처음 치른 시험에서 전교 10등 안에 들었다. 반에서 3등이었다. 아들은 그 이후로 공부에 취미를 붙였다.

군대 가기 전에는 나와 어디든 잘 다녔다. 'SG워너비' 콘서트도 같이 갔다. 무거운 장을 볼 때도 데려가면 든든했다. 말년 휴가 때 둘이 속초에 양미리를 먹으러 갔었다. 가는 길에 삼척에 있는 궁촌리에 들러 레일바이크를 탔다. 바닷가를 끼고 소나무 숲속으로 바이크가 지나가는 코스였다. 경치가 좋은 곳이었다. 힘차게 페달을 밟는 아들의 표정이 밝았다. 그 모습을 보며 나는 행복했다.

나를 기다리고 걱정하게 하는 일이 거의 없는 아이였다. 초등학교 때 갑자기 친구네 집에 가게 된 일이 있었다. 평소보다 늦게 돌아왔다. 내가 말했다.

"걱정했어."
"저도 걱정했어요. 엄마가 걱정할까봐요."

초등학교 4학년 때 내가 3개월간 국수를 팔았다. 아들들은 학교 끝나면 국수나 어묵을 먹고 집으로 가곤 했다. 더 이상 가게를 할 수 없는 상황이 되었다. 무슨 일을 해서 돈을 벌어야 할지 막막했다. 친정엄마에게만 어디 좀 며칠 다녀오겠노라 하고 남해 보리암에 갔다. 그날 아들이 힘이 쭉 빠져서 들어왔다고 한다. 무슨 일이 있느냐 물었다. "엄마가 없어서요."

엄마는 존재만으로 아이들에게 힘이 되는 존재라는 것을 알게 되었다. 내 뜻대로 되는 게 하나도 없다고 좌절했던 내게도 두 아이는 살아가는 힘이었다.

부모가 자주 돈 문제로 다투었다. 아이들은 화목하지 못한 가정에서 자랐다. 행여 바르지 못하게 될까 걱정했다. 예민하다는 사춘기도 그냥 지났다. 부모의 큰 도움 없이 대학도 졸업했다. 타지에서 방도 구해 직장 다니고 있다. 기특하고 대견하다. 아들들에겐 바랄 게 없다.

대가족 살림하느라 또 돈벌이한다는 핑계로 아이들에게 신경 써

주지 못했다. 어쩌다 우리 집에 온 시어머니는 당신의 아들이 맘에 안 들었다. 며느리를 위로하는 말이었을까? 손자들은 아무 문제가 없다고 인정하신 걸까? 자식들이 속 썩이는 것보다는 남편이 속 썩이는 게 낫다고 했다. 애들이 잘못되면 어디 가서 흉볼 데도 없다고. 그러니 힘을 내라는 말이었다. 어머니의 그 말에 전적으로 동의한다. 아이들은 부모가 가르친 대로 자라는 게 아니고 부모의 사는 모습을 보고 배우며 자란다고 한다. 지나고 보니 나는 아이들에게 부족한 엄마였다. 엄마의 상황을 아는지 아이들은 큰 걱정 안 하게 하고 바르게 커 준 것 같다. 아이들을 키우면서 내 상황에서 정성을 다해 키우면 아이들은 그 마음은 아는 것 같다.

05

내가 엄마가 될 줄이야

문인숙

 서른에 결혼하고, 그해에 딸이 태어났다. 딸의 육아는 '회사 일 너 혼자서 다 하냐?'라고 말했던 큰 언니가 맡아 주기로 했다. 주중에는 언니 집에서 지내고 주말에는 집으로 데리고 왔다. 퇴근 후에 텅 빈 아이의 이부자리를 보면 가슴이 쓰렸다. 8개월 무렵 금요일이었다. 큰언니에게 안겨 발버둥치며 울었다. 나에게 오지 않으려고 했다. 낯가림이 심할 때였다. 무슨 계모도 아니고 난감했다. 주말까지 큰언니에게 맡길 수는 없었다. 우는 아이와 보내는 주말 시간은 더디기만 했다.
 첫 아이가 28개월 되던 달에 둘째가 태어났다. 딸은 혀 짧은 소리를 냈다. 이럴 때 큰아이를 더 보듬어 줘야 한다는 걸 아이들이 다 크고 나서야 알게 되었다. 첫째도 여전히 엄마 아빠의 사랑과 관심이 필요할 때였다. 더 어리다는 이유만으로 작은 아이를 더 많이 예뻐했던 것 같다. 동생 씻기려고 받아온 목욕물에 딸아이가 옷을 벗고 발을 먼저 담그곤 했다. 동생을 씻길 물이라고 말해도 듣지 않았다. 우는 딸을 달래며 몇 번은 그냥 목욕시킨 것 같다.

언젠가 한 번은 딸이 말했다. '마트에 계산하는 사람이 엄마였으면 좋겠어.' 이유를 물으니 '낮에도 엄마 옆에 같이 있을 수 있어서'라고 했다. 엄마와 함께하는 시간에 늘 목말랐다.

딸은 그림 그리기를 좋아했다. 부산에 있는 예술 고등학교에 가고 싶어 했지만 반대했다. 예술은 생계형보다는 취미로 즐겼으면 했다. 딸이 좀 더 오랫동안 집에서 살았으면 했다. 고등학교 때 집을 떠났던 나는 늘 엄마가 그리웠다. 담임 선생님까지 합세해서 일반고 진학을 설득했지만, 딸의 의지를 꺾지는 못했다.

딸의 바람대로 예고에 진학했다. 2학년 1학기 어느 날 의논할 게 있다며 딸에게 전화가 왔다. 일이 손에 잡히지 않았다. 퇴근하자마자 부산으로 갔다. 딸은 딜레마에 빠져 있었다. 그림 그리기를 좋아하는 자신과 재능 있는 친구들과 실력 차이가 난다고 했다. 미대 진학은 자신과 맞지 않는다며 일반 대학 공부를 하겠다고 했다. 예고에 다니며 인문계 과목으로 대학을 준비하는 건 쉽지 않았다. 여름이면 해수욕장 백사장에 모래 조각 작품을 만들어야 했다. 연말에 개최되는 작품전에 함께 작품도 내야 했다. 내신이 중요했던 시기라 학과 수업을 소홀히 할 수 없었다. 일반 대학 입시를 위한 과목도 모두 공부해야 했다. 졸업 후 관광계열로 대학 진학을 했지만, 그 또한 자기 길이 아니라며 자퇴했다.

현재는 다른 꿈을 위해 고3 수험생처럼 준비하고 있다. 그래서 나도 수험생 엄마다. 아침마다 도시락을 만든다. 영양이 고루 들어간 덮밥을 만든다. 오믈렛, 계란찜, 계란프라이 등 좋아하는 달걀 반찬은 하루도 빼지 않는다. 식사 후 먹을 과일도 마지막으로 챙긴다.

혼자 챙겨 먹을 나이가 되었지만 이렇게라도 힘을 보태고 싶다. 해줄 수 있어서 감사하다. 일과 육아를 함께해야 했던 시절은 하루하루가 고단했다. 이제는 아이도 나도 베테랑이다.

30대에는 직장을 우선순위에 두고 살았다. 조직에서의 역할을 더 잘하느라 애를 썼다. '엄마'의 역할까지 완벽하게 하기는 역부족이었다. 야근해야 하는 날이면 아이들을 데리고 갔다. 사무실 한쪽에 둘이 머리를 맞대고 앉아 컴퓨터 한 대를 차지하고 엄마 일이 끝나기를 기다렸다. 저녁밥은 김밥 한 줄이 전부였다. 그렇게라도 나의 곁에 있고 싶어 했다.

직장 생활한 지 24년쯤 되니 아이들이 보이기 시작했다. 아이들은 훌쩍 커 있었다. 아들의 어릴 적 소원은 아빠와 축구하는 것이라고 했다. 중학생이 된 아들이 나에게 이야기했다.

"엄마랑 아빠랑 같이하고 싶은 게 정말 많았어."

축구 선수가 되고 싶었다고 한다. 몰랐다. 운동을 하면 경기를 할 때 엄마가 같이 다녀야 하는데 엄마가 바쁠 것 같아서 말 못 했었다고 했다. 우린 그때는 그런 대화를 나누지 못했었다.

엄마가 퇴근해서 올 때까지 늘 기다려야 했다. 혼자 책 읽고 집안에서 축구공을 굴리며 시간을 보냈다. 금붕어를 키우고 싶다는 것도, 고양이를 키우겠다는 것도 들어주지 못했다. 이제는 엄마의 시간도, 금붕어도, 고양이도 더 원하지 않는다. 어린 시절에 혼자 둔 시간이 많아 아들에겐 항상 미안했다.

그 때문인지 아들은 정서적 독립이 빨랐다. 뭐든지 혼자 하려고 하고 스스로 결정했다. 코로나가 한창일 때 군대를 빨리 다녀와야겠다고 했다. 언제 신청했는지 얼마 안 되어 영장이 나왔다. 나는 마음이 진정되지 않았다. 멍하니 눈물만 났다. 엄마에게 전화하니 단번에 눈치를 챘다. 마음 크게 먹고 남들 다 보내는 군대에 유난 떨지 말라고 했다. '그래, 요즘 군대는 군대도 아니라고 하잖아.' 그렇게 나를 겨우 위로하며 마음을 붙잡았다.

아이들을 키우며 잘한 일은 가족여행을 한 것이다. 늘 함께하지 못하는 시간을 그렇게라도 보상하고 싶었다. 중학교 교사가 쓴 〈아이와 함께 떠나서 더 행복한 아줌마표 해외여행〉이라는 책을 보며 아이들과의 여행을 꿈꿨다. 돈보다는 경험을 물려주자고 늘 남편과 말했다.

첫 해외여행은 7년을 모은 재형저축으로 경비를 마련했다. 서유럽 여행 계획을 세웠다. 여름휴가 기간이기는 했지만, 눈치를 보며 9일간의 휴가를 신청했다. 모험이었다. 옆자리의 동료도 같은 기간에 휴가를 냈다. 부서장은 다녀오면 두 사람 책상을 치운다고 엄포를 놨다. 어렵게 여행을 떠났다.

아이들은 한창 그리스·로마 신화 만화책을 읽고 있던 때라 곳곳의 유적을 보며 목소리가 커졌다. 트레비 분수에 동전을 던지며 다시 로마에 올 꿈을 꾸었다. 루체른을 발아래 굽어보던 필라투스의 케이블카를 탔고 그 산 중턱에는 에델바이스가 피어 있었다. 90도로 산을 박차고 올라가던 빨간 산악 열차는 아찔한 추억도 남겼다.

초등학교 4학년과 중학교 1학년의 남매는 그 이후에도 한참 동안 머리를 맞대고 앉아 여행 얘기를 했다. 그렇게 시작된 우리의 여행은 미국·캐나다로, 스페인·포르투갈로 아들이 고등학생이 될 때까지 계속되었다. 아이들의 기억 속에 좋은 추억으로 남아 있을 것이다. 앞으로도 아이들과의 여행을 계속해 나갈 생각이다.

아이들을 그다지 좋아하지 않던 내가 엄마가 되었다. 잘 보살필 줄도 몰랐다. 집에 놀러 온 사촌 동생이랑 잠시 놀아주던 게 전부였다. 큰언니 집의 조카들도 잘 업어 주지도 살갑게 안아 주지도 않았었다. 내 아이들을 낳으니 세상 모든 아이가 예쁘고 사랑스러웠다. 아이들과의 만남으로 세상을 보는 눈이 하나 더 생기게 되었다. 부모가 된다는 것은 되기 전에는 절대 알 수 없는 대단한 선물임이 틀림없다.

부모는 자식들이 좋은 선택을 할 수 있게 좋은 거름 주고 물주는 사람이다. 하고 싶은 일이나 배우고 싶은 걸 마음껏 배워서 행복하게 할 수 있는 좋아하는 일을 찾아갈 수 있도록 지원하고 응원한다.

부모의 의지로 아이의 진로를 어떻게 할 수는 없었다. 지혜롭게 미래를 개척할 수 있게 지켜보고 좋은 열매를 맺게 안아 주고 응원해 준다. 내가 그랬듯이 정성으로 키우면 부모를 거울삼아 잘해낼 거다.

"나를 엄마로 찾아온 소중한 나의 아이들아! 항상 사랑하고 응원한다. 머지않아 새로운 둥지를 찾아 훨훨 날아가겠지만, 더 행복한 선택을 하고 더 나다움에 집중할 수 있는 그런 너희들이 되길 바랄게."

앞으로도 더 행복해지자. 사랑한다.

06

엄마는 밥이다

박미경

엄마 되기 힘들었다. 열 달 내내 입덧했다. 출산한 다음에는 젖몸살이 심했다. 엄마는 세 시간마다 큰 사발에 미역국을 들고 방으로 왔다. 반찬도 없이 미역국만 꾸역꾸역 먹었다. 눈물이 날 지경이었다. 평생 먹을 미역국을 그때 다 먹었다. 엄마의 등쌀에 젖병은 절대 물릴 수가 없었다.

"조금만 참아라. 엄마들 모두 그렇게 해서 자식 키운다. 엄마도 그랬다. 엄마 젖 두고 왜 소젖 먹이냐?" 우리 엄마를 아무도 이길 수 없었다. 산후우울증도 왔다. 그렇게 엄마가 되었다. 식당이라도 가면 우리 집 며느리 둘, 딸 둘은 모두 동시에 젖을 먹인다. 조카들이 연년생들이고 동갑이 많다. 진풍경이 펼쳐진다.

"어휴 사장님 보기 좋습니다. 어떻게 네 분이 다, 하하."

"우리 집 대마왕님 앞에서는 젖병 못 물려요."

아빠 어깨와 목소리에 잔뜩 힘이 들어가 있다.

첫째 키울 때는 모든 게 서툴렀다. 초보 엄마의 모든 것을 경험으로 배워야 했다. 장이 꼬여도 모르고, 맹장이 터지기 일보 직전인데도 몰랐다. 자전거에 아이를 어떻게 태워야 하는지도 몰랐다. 큰아들 정민이가 네 살 때였다. 미술학원에 데려다주는 길이었다. 아이를 자전거 뒤에 앉히고, 나도 앉았다. 페달을 힘껏 밟았다. 잘 나가던 자전거가 갑자기 멈추었다, 뒤를 돌아보았다. 자전거 바퀴에 아이의 발이 끼어 있었다. 발뒤꿈치 연한 살이 다 벗겨져서 피가 흐르고 있었다. 순둥이였던 정민이는 울지도 않고, 작은 소리로 '엄마, 아야' 했다. 손바닥 반만 한 흉터가 아직도 왼발 뒤꿈치에 있다. 볼 때마다 내 머리를 쥐어박고 싶다.

정민이가 초등학교 6학년 때 학생회장으로 뽑혔다고 연락이 왔다. 자동으로 회장 엄마가 학부모회장이 된다고 했다. 아들이 회장이 된 덕분에 학교에 가야 할 일이 많았다. 전교생을 앞에 두고 교단에도 서보았다. 다른 학부모들과 봉사 활동도 함께했다. 내산초등학교 어머니 배구단을 결성하였다. 선생님들의 특별훈련을 받으며 열심히 했다. 동래지구에서 우승도 했다. 어머니 합창단도 만들어 학예회 때 함께 했다. 즐거운 시절이었다. 그때 인연을 맺은 학부모들과 지금까지도 가까운 사이로 지내고 있다. 아이들이 성장하는 것을 함께 지켜보고 있다. 아이들 결혼 소식이 하나둘씩 들린다. 아이들이 또 엄마들을 함께 만나게 해준다. 아들 덕분에 빛나는 30대를 보냈다. 초보 엄마도 역할을 주니 잘 해낼 수 있었다.

정민이를 중3 때 미국으로 유학 보냈다. 초등학교 여름 방학마다 뉴질랜드에 있는 친구 집에 어학연수를 보냈었다. 그 후로 자신감이 생겼는지 미국으로 보내 달라고 했다. 우리 눈에는 아직 어리기만 한데, 공항서 손을 흔들며 자신 있게 떠났다. 4년 뒤 작은아들 상범이를 데리고 캐나다로 가게 되었다. 계획했던 일은 아니었다. 미국에 있던 정민이도 캐나다로 불렀다. 형과 같이 지낸다 하니 상범이는 너무 좋아 펄쩍펄쩍 뛰었다. 형을 많이 그리워했다. 네 살 터울이라 어릴 적에 싸움 한번 한 적 없었다.

캐나다에서 매일 아침 도시락을 준비했다. 한국에서도 안 싸본 도시락이다. 학교에서 먹는 점심은 7달러짜리 도시락이었다. 피자 한 조각과 주스 한 병 달랑 먹는 거였다. 한참 크는 아이들에겐 턱없이 부족했다. 한국 사람은 밥심으로 산다. 도시락 싸는 것에 제한이 많았다. 냄새나면 안 되고 보기 혐오스러워도 안 된다. 불고기 해서 밥 안에 숨기고, 김치 볶아서 밥 안에 숨겼다. 보물찾기다. 캐나다 친구들이 상범이 도시락에 점점 관심을 가지게 되었다. 삼각김밥을 엄마 몰래 팔아먹기도 했단다.

처음에는 혼자 밖에 나가지도 못하고 아이들 오는 시간만 기다렸다. 첫 관문, 우리가 사는 콘도 경비 아저씨다. 영어로 태클을 건다. '하우 아 유? 아이고 예예 파인 땡큐' 자꾸 말 건다고 아이들에게 불평했다. 영어학원에 다녀보라고 정민이가 권한다. 언제까지 아이들만 의지할 수 없었다.

영어학원을 찾아갔다. '쌤'이라는 선생님을 만났다. 토론토 한인 협회장님. 음악을 전공했다. 파바로티와 공연한 사진도 벽에 걸려 있었다. 배 나온 것이 똑같았다. 쌤 선생님은 나와 결이 비슷했다. 매일 놀 궁리를 했다. 날이 좋아서, 날이 좋지 않아서, 날이 적당하다는 핑계로 교실 밖으로 나갔다. 공원으로 간다. 노래를 듣는다. 좋다. 비싼 공연이 공짜였다.

토론토에서 매년 열리는 한인 축제에 노래 자랑대회가 있었다. 2등 경품이 김치냉장고였다. 언니가 꼭 필요하단다. 코요테 '난 나나 난 나나나나' 아이들은 백댄서다. 무대에 올라가 신나게 노래를 불렀는데 청중들은 얌전히 듣고만 있었다. 아뿔싸! 아무도 모른다. 이민 온 사람들이 70년대에 멈춰 있는 걸 깜박했다. 인기상 받았다. 쌀 한 가마니와 초코파이 열 박스. 1등(밴쿠버 항공권 2장) 하면 2등 김치냉장고랑 잘난 척하고 바꾸려 했는데, 꿈이 야무졌다. 혜은이의 '제3한강교'를 불렀어야 했나, 돌아오는데 아쉬운 마음이 들었다.

유년 시절의 경험은 인생을 살아가는 데 큰 힘이 된다고 믿었다. 이웃들이 참 별나다고 했다. 주말에 집에 있으면 수갑 차냐고 물어본다. 남편은 한술 더 뜬다. 여름에는 바다로 겨울에는 눈 나라로 아이들을 데리고 다녔다. 우리 아이들은 잘 노는 부모를 만난 것이다. 그래도 그 시간을 돌이켜보면 정말 후회 없는 선택이었다. 아이들과 함께했던 시간은 행복했다. 하루가 다르게 커가는 아이들을 지켜보는 것이 좋았다. 엄마도 성장하고 있었다. 어릴 때 놀며

가며 배운 스키, 그 실력으로 지금은 아르바이트도 한다. '나는 놈 위에 노는 놈 있다' 했다. 잘 논 것이 어른이 되어 잘 쓰인다.

지난 3월에 캐나다에 살고 있는 작은 녀석이 한국을 다녀갔다. 2년 만에 오는 것이었다. 정민이가 가족여행 계획을 세웠다. 제주도 가자. 맛있는 것도 먹으러 가자. 가족 단톡방이 분주하다. 생각만 해도 입꼬리가 올라간다. 계획대로 척척. 우리는 그저 잘했다고 박수와 응원만 보낸다.

지난해 말 상범이는 다니던 회사를 그만두고 토론토에서 '신전떡볶이' 사업을 시작했다. 성공적이다. 인기가 대단하다. 케이-푸드 시대이다. 한국 음식들이 세계로 퍼지고 있는 걸 알고 있다. 처음 떡볶이집을 한다고 했을 때는 너무 기가 차서 말이 안 나왔다. 주위에 사람들 덕에 마음을 고쳐먹었다. 역시 자기 새끼 일이 아니면 객관적으로 된다. 그래서 해답을 얻을 수 있었다. 부글부글 끓는 내 마음을 가라앉혔다. 인생 길다. 실패해도 배운 점이 많이 있을 거다.

아들들아. 인생은 끝없이 다가오는 파도와 같다. 넘고 또 넘어야 한단다. 그러니 그때마다 최선을 다해서 파도를 넘자. 그리고 후회는 하지 말자. 결과에 연연하지 않고 내가 할 수 있는 최선을 다하는 것이다. 엄마가 된 후 돌이켜 생각해 보니 아이들에게 받은 게 훨씬 많았다. 엄마로서 부족한 나에게 우리 아이들은 넘치는 사랑을 주었다. 온전히 함께할 수 있는 이 시간이 행복하다.

07

딸 아들아, 엄마가 미안하고 사랑한다

복기령

    2000년 5월에 드디어 간절히 기다리던 아이가 태어났다. 딸이었다. 아이가 거꾸로 있어서 제왕절개를 했다. 마취에서 깨어났을 때 심한 통증으로 움직일 수 없었다. 아이는 3일 후에 보러 갔다. 3.1kg으로 태어난 아이는 주먹만 한 얼굴에 속 쌍꺼풀이 있었다. 인형 같았다. 남편을 많이 닮았다. 첫딸을 보내고 3년 만에 찾아온 기쁨이었다. 아이가 백일쯤 되었을 때 또다시 축복이 찾아왔다. 이번에는 아들이었다. 딸과 아들을 가진 엄마가 되었다. 첫 아이를 보내고 다시 엄마가 될 수 있을까를 걱정했다. 나와 남편의 얼굴에 미소 짓는 날이 다시는 찾아오지 않을 것만 같았다. 두 아이는 무엇과도 바꿀 수 없는 나의 보물이 되었다.

    연년생을 키운다는 것은 쉬운 일이 아니었다. 딸이 잠이 들면 아들이 깨고, 아들이 잠이 들면 딸이 깼다. 돌아서면 기저귀를 갈고 분유 먹이고 우는 아이를 달래야 했다. 잠시도 쉴 틈이 없었다. 둘이 같이 울면 언니들이 사준 쌍둥이 유모차를 거실에 가져와 태웠다. 분유를 타서 아이들 입에 물리고 유모차를 밀며 거실을 왔다 갔다 했다. 아이들이 완전히 잠들 때까지 밀었다. 나도 함께 자고 싶었다. 냉장고 문을 잡고 잠시 졸린 눈을 감아 보기도 하고 식탁에 엎드려 잠시 눈을 붙이기도 했다. 또 소파에 앉아 깜빡 잠이 들기도 했다.

퇴근 후 남편은 아이들 목욕을 시켜 주었다. 그 시간이 유일한 휴식 시간이었다. 이런 호사도 평일에만 가능했다. 주말에는 남편이 스터디 모임에 갔다. 남편 없이 보내는 주말은 전쟁터였다. 어느 일요일 딸을 등에 업고 주방 일을 하고 있을 때였다. 딸이 등 뒤에서 순식간에 냄비 손잡이를 끌어당기는 바람에 뜨거운 국물이 아이 허벅지에 쏟아졌다. 개수대 물을 틀어 아이 허벅지를 식힌 후 병원으로 향했다. 우는 딸아이를 등에 업고 작은 아이는 가슴에 안고 택시를 탔다.

응급실에 도착해 의사가 처치하는 동안 딸은 병원이 떠나가도록 울어댔다. 흉터가 걱정되었다. 세월이 지나면 차츰 나아질 거라 했다. 처치가 끝난 후 다시 작은 아이는 등에 업고 딸을 가슴에 안았다. 딸은 품에서 한참 동안 서럽게 울었다. 주말마다 자리를 비우는 남편이 원망스러웠다.

마산에 살다가 딸이 여섯 살이 되었을 때 부산으로 이사를 했다. 딸이 초등학교에 입학을 하고 4학년이 되었을 때 아이의 학교 도서관에서 봉사활동을 했다. 딸이 졸업할 때까지 계속했다. 다른 아이들이 도서관에서 책 읽는 모습을 볼 때면 학원에 다니느라 바쁜 딸이 생각났다.

'이게 맞는 건가? 초등 때는 무엇보다 독서가 최고인데' 하면서도 학원은 끊지 못했다. 어느 날 4학년 담임선생님한테서 전화가 왔다. 딸이 수학에 재능이 있다고 했다. 담임선생님 추천으로 교육청 수학 영재원에 시험을 보게 되었다. 딸은 합격했다. 그때부터 난 욕심이 생겼다. 수학경시대회 반에서 공부하게 했다.

딸이 초등학교를 졸업하고 중학교에 입학해 첫 기말시험을 보게 되었다. 시험 기간에도 아이는 바빴다.

수학 경시대회 공부도 해야 했고 학교 기말시험도 공부해야 했다. 잠자리에 드는 시간이 자정을 넘기는 날이 많았다. 기말시험 기간에는 밤늦도록 공부를 하고 새벽에 또 일어나 공부를 했다. 시험 결과는 가정 과목만 빼고 거의 만점이었다. 결과가 좋은 과목은 당연하게 여겼다. 가정 과목 때문에 화가 나서 심하게 혼을 냈다. 아이는 그때부터 펑펑 울기 시작했다. 한 번 울기 시작하더니 그칠 줄 몰랐다. 아이는 내게 말했다.

"내가 엄마 꼭두각시야? 학교 학원 집 학교 학원 집. 이렇게 살기 싫어."

머리를 한 대 얻어맞은 것 같았다. 정신이 번쩍 들었다. 욕심이 화를 불렀다. 그동안 별 탈 없이 잘 가고 있는 것으로 생각했다. 하지만 속으론 병이 들어가고 있었던 모양이다. 많은 생각이 들었다. 아이가 건강하고 행복하기만을 바라던 때가 있지 않았던가? 나도 모르게 아이에게 부담을 준 나 자신을 자책했다. 스스로 할 수 있도록 기다려 주고 격려해 주지 못한 나를 반성했다.

아이의 행복을 위해 나는 다른 길을 고민해 보았다. 학업 성적에서 벗어나 자유롭게 공부할 수 있는 곳을 찾아보기로 했다. 학부모 모임에서 들었던 제주도에 있는 국제학교가 생각났다. 아이한테 국제학교에 갈 생각이 있는지 조심스럽게 물어보았다. 아이는 가고 싶다고 했다.

국제학교에 입학할 수 있는 조건들을 아이와 함께 찾아보았다. 선생님의 추천서와 수학, 영어 필기시험, 영어 인터뷰, 적성검사 등이 있었다. 얼마 후 서울에서 시험이 있었다. 부담 없이 한 번 쳐보자는 마음으로 두 아이를 데리고 서울로 향했다. 가벼운 마음으로 시험을 쳤는데 딸은 합격했다. 딸은 기뻐했다. 중학교 1학년을 마치고 제주도에 있는 국제학교에 입학을 했다.

한 달 후 학부모 참관 수업이 있는 날이 되어 학교에 갔다. 선생님과 이야기하는 딸의 얼굴이 밝아 보였다. 아이 얼굴에 꽃이 피어 있었다. 지치고 힘들어하던 모습은 더 이상 없었다. 수업은 학생들이 스스로 조사하고 공부해 온 것들을 발표하는 방식이었다. 준비하는 과정에서 친구들과 협력하고 배려하면서 서로를 응원하게 된다는 것을 알게 되었다. 나는 학교 수업 프로그램이 정말 마음에 들었다. 주입식과 서로 경쟁하는 공부가 아닌 서로 협력하는 수업, 학생이 스스로 조사하고 발표하는 이 교육방식이 너무도 좋았다. 아이는 정말 행복해 보였다. 담임선생님과의 면담 때도 교우관계도 좋고 학교생활을 너무 행복하게 잘 하고 있다고 했다. 나는 모든 것이 안심되었다. 아이가 행복한 학교생활을 하고 있다니 더 이상 바랄 게 없었다. 딸은 동생도 국제학교에 같이 다니면 좋겠다고 했다.

아들은 아주 어릴 때부터 언어발달이 빨랐다. 사물을 보는 것마다 독특한 언어로 표현을 했다. 어른들한테도 낯가림 없이 잘 안기는 아이였다. 그런 아들은 항상 주위 사람들을 행복하게 하고 웃음을 주었다. 어린이집에 다닐 때도 선생님이 주는 상장이 창의력상이었다. 아들은 어릴 때부터 독서를 좋아했다. 과학에도 많은 호기심을 가졌다.

초등학교 때 과학 토론대회에 나가기도 하고 삼성에서 주관하는 전국 창의력 대회에서 친구와 함께 금상을 타기도 했다. 하지만 나는 언제나 자유분방한 아들이 신경이 쓰였다. 다른 아이들에게 피해를 줄까 봐 아들이 하는 행동 하나하나 제재를 가하고 혼을 냈다.

어느 날 수학 학원에서 전화가 왔다. 아들이 학원에 오지 않았다는 거였다. 나는 아들을 찾으러 나섰다. 학교 교실에도 없고 운동장에도 없었다. 혹시나 하고 집 근처 PC방에 가 보았다. 아들은 거기에 없었다. 좀 떨어진 거리에 있는 다른 동네도 가보았다. PC방이 열 군데나 넘게 있었다. 아들을 찾아 헤매던 중 마지막 남은 PC방에 들어가 보았다. '어? 뒤통수가 왠지 익숙한데?' 하면서 가까이 가 보았다. 내 아들이었다. 아이가 앉아서 신나게 게임을 하고 있었다. 그날 아들한테 회초리를 들고 크게 혼을 냈다. 아들은 잘못했다며 다시는 PC방에 가지 않겠다고 약속했다.

딸이 입학하고 1년 후 아들도 국제학교에 입학했다. 자유분방한 아들한테 잘 맞을 것 같아 적극 추천했다. 하지만 아들은 잘 적응하지 못했다. 많이 혼란스러웠다. 과학고를 꿈꾸고 있었는데 헤아려 주지 못해 미안했다. 엄마가 가르치고 싶은 것보다 아이가 하고 싶은 것을 하게 했어야 했다. 잘하는 것이 많은 아들이었는데 칭찬도 충분히 해주지 못했다. 그래도 아들은 부족한 엄마를 잘 따라 주었다. 아들은 군대에서 복무 중이다. 딸은 홍콩대학교를 졸업하고 대학원에 진학해 공부를 더 하고 싶어 한다.

"나의 보물 딸, 아들아 바르게 자라줘서 고맙고 사랑한다."

지금에서야 느끼게 된다. 다시 그 시절로 돌아간다면 더 많이 칭찬해 주고 싶다. 엄마가 가르치고 싶은 것보다 아이가 하고 싶은 것을 하게 할 것이다. 지금도 늦지 않았다. 가족들이 함께 더 자주 여행하고 행복한 추억들을 많이 쌓기 위해 노력해야겠다. '사랑하는 딸, 아들아 우리 같이 손잡고 걸어가자꾸나!'

08

잘 해낼 줄 알았어

신혜숙

나랑 너무나도 닮은 껌딱지 딸이 있다. 어려서부터 유독 나와 붙어 지냈다. 마마걸이었다. 어릴 때는 머리맡에 클래식 카세트테이프를 매일 틀어 주었다. 딸은 그때의 음악 소리가 자기 음감에 많은 도움이 됐다고 말한다. 무릎에 앉혀 놓고 동요도 불러 주었다. 한번 들은 노래는 혼자서 피아노로 쳤다. 우리 부부는 딸아이가 천재인 줄 알았다. 중학교 때에는 일본 만화 '명탐정 코난'에 빠져 있었다. 일본 만화책 보면서 일본어에 흥미를 느끼기 시작했다. 외국어 고등학교 일어과에 입학하고 대학에서도 일어를 전공했다. 좋아하던 만화책이 계기가 되어 사회생활의 진로가 결정되었다.

부산으로 이사 올 때 큰딸은 서울에서 계속 살고 싶어 했다. 며칠 동안 밥도 안 먹고 방에만 박혀 시위했다. 가족은 함께 살아야 한다는 남편의 뜻대로 가족 모두 이사를 왔다. 큰딸은 부산에서 적응하는 것을 힘들어했다. 선생님들의 사투리를 잘 알아듣지 못했다. 성적이 안 나와서 속상해했다. 그냥 서울에서 학교 다니게 할 걸 하는 후회도 했다. 우울해하는 딸의 기분을 풀어주고 싶었다. 동영상을 찍어 보냈다. 내가 막춤을 추는 동영상이었다. 잠시라도 한번 웃고 힘내라고 보냈다. 그 동영상을 몇 년을 가지고 다녔다. 힘든 시기를 잘 보냈다.

딸은 재수까지 하고 집에서 가까운 부산대학교에 입학했다. 아무 의욕이 없는 대학 생활이었다. 나의 껌딱지에 집순이였다. 대학 2학년 때 일본에 교환학생으로 가라고 제안했다. 딸이 자립할 좋은 기회로 생각했다. 한 번도 나랑 떨어져 지낸 적이 없어서 불안하고 걱정도 됐지만 애써 모르는 척했다. 일본에서 공부하고 있는 동안 한 번도 찾아가지 않았다.

딸은 나의 걱정과 달리 일본에서 생활을 잘하고 있었다. 학교 주변의 어르신들에게 한국어도 가르치고 세계 각국에서 온 친구들과 잘 어울렸다. 프랑스 친구들과는 언어 교환도 하며 친하게 지냈다. 교환학생이 끝날 무렵 프랑스에 가보고 싶다고 했다. 일 년만 갔다 오겠다고 해서 우리 부부는 흔쾌히 허락했다. 항상 내 곁에만 맴돌던 딸아이의 큰 변화였다.

프랑스 대학교 근처 마트에서 아르바이트도 했다. 현지인들과 대화하며 불어를 공부했다. 유럽에서 잘 적응하며 프랑스어 공인 인증 자격증까지 땄다. 영어 일어 불어 한국어까지 4개 국어를 한다. 원어민 수준이다. 요즘 스페인어를 공부 중이다. 딸은 언어 천재다.

지금은 도쿄에서 직장 생활하고 있다. 동료들은 딸아이가 현지인인지 한국인인지 헷갈린다고 한다. 항상 내 곁에 머물던 껌딱지는 훌륭하게 홀로서기를 했다. '엄마 파리 도착' 오늘도 출장 간 딸에게 간단한 카톡이 온다. '그래! 여행하고 싶은 데로 훨훨 날아다니며 행복해라.'

둘째 딸은 내게는 너무나 예쁜 깡패다. 이 아이 얼굴만 봐도 웃음이 나온다. 서울에서 대학 생활을 했다. 들판에 풀어놓은 망아지였다. 진한 화장에 노랗게 물들인 머리는 나를 기막히게 했다. 클럽에서 얼마나 열심히 춤을 췄는지 양말에 구멍이 났다. 함께 살았던 외할머니 이모가 귀가 시간 검사하느라 바빴다. 학창 시절 쌓였던 한을 푸는 것 같다. 매달 보내 주는 용돈은 옷값으로 다 썼다. 방에는 옷을 더 이상 걸거나 넣을 공간이 없었다. 의자 위에 차곡차곡 쌓아 놓은 옷 무게에 의자가 자주 넘어갔다. '그래, 해 보고 싶은 거 다 하면 나아지겠지!' 믿고 기다려 주는 것만이 부모가 할 수 있는 일이었다. 졸업 후 '내가 1, 2학년 때 왜 그랬지?' 열심히 놀아본 딸이 한 말이다. 요즘 알뜰한 딸을 보면 멋 내는 것도 다 한때인 것 같다.

결혼하고 싶다고 잘생긴 남자친구를 소개했다. 인상이 너무 좋은 예비 사돈과 상견례를 했다. 잠이 오지 않았다. 남편이 떠난 후 매사에 자신이 없었다. 큰일을 혼자 잘 치를 수 있을까! 미리 걱정이 앞섰다.

딸아이 결혼식은 다가오고 있는데 컨디션은 엉망이었다. 며칠 전부터 매일 링거를 맞으며 지냈다. 신부 엄마 없이 결혼식을 해도 할 수 없다는 마음이었다. 마음도 몸도 나약한 내 자신이 싫었다.

다행히 딸의 결혼식은 잘 치렀다.

올 초 두바이 여행 중에 딸아이의 문자를 받았다. '좋은 소식 말씀드립니다. 9월에 할머니 되시겠습니다.' 와! 내가 할머니가 된다는 소식이다. 기뻤다. 말은 안 하고 있었지만 기다리던 소식이었다. 아이는 부모가 선택하는 것이 아니라 하늘에서 부모를 점찍어 오는 것이라 한다. 우리에게 와 준 아이가 얼마나 감사한가, 두렵고 걱정을 많이 하는 딸에게 법륜스님의 〈엄마 수업〉을 선물했다. 우리 딸도 어른이 되어가고 있다.

'My son'이라고 부르는 막내아들이 있다. 딸 둘에 아들 하나, 남들이 말하는 홈런을 쳤다. 아들은 우리 집 장손이라며 시부모님의 사랑을 듬뿍 받았다. 아들을 바라보는 눈에서 꿀이 뚝뚝 떨어진다고 친구들이 놀린다. 바라보고만 있어도 좋다. 딸들이 서운해해도 어쩔 수 없다. 아들은 학교 갔다 오면 가방 던져놓고 나가서 해가 져야 돌아왔다. 친구들과 놀기에 하루가 짧았다. 공부는 뒷전이었다. 피아노학원에서는 아들을 보내지 말라고 했다. 아이들이 우리 아들하고 논다고 피아노 수업을 안 한다고 했다. 학원에서 잘렸다. 활동적이고 천방지축이었다.

고3 때는 수능 시험을 망쳤다고 눈물을 흘렸다. "남자는 재수 한 번 하는 게 필수야! 힘내서 다시 해보자." 재수를 시작했다. 공부하다 힘들면 청사포에 자주 갔다. 땀 흘리며 걷고 바다를 보며 크게 숨을 쉬었다. 재수학원 끝나는 시간에 마중을 나갔다. 오늘 공부한 얘기를 하며 집까지 온다. 피곤함을 풀어주려고 우스운 말들을 과장해서 했다. 나는 코미디언이었다.

아들이 군대에서 첫 휴가 나오는 날, '축 휴가' 플래카드를 만들어서 우리 부부는 기차역에 마중을 나갔다. 주변 사람들이 쳐다보며 박수를 쳐 주었다. 아들은 쑥스러워하며 웃고 나왔다. 오랜만에 보는 아들은 어른스러워 보였다. 말투도 달라졌다. 행동 하나하나가 남자답다. 늠름한 모습이다. 제대한 날에는 현관문에 '어서 와! 수고했다.' 큰 글과 풍선을 장식했다.

그렇게 더벅머리에서 멋진 청년이 되었다. 아직도 작고 도톰한 손을 잡고 다니던 감촉이 남아 있다. 언제 이렇듯 커서 결혼한다. 예쁜 여자 친구를 인사시켰다. 우리 가족 모두 대환영이다. "어서 와! 우리 집 식구가 되어줘서 고맙다." 결이 너무나 닮은 두 아이의 모습이 사랑스럽다. 아들은 올해 박사학위를 받고 결혼한다. 결혼 후 포스트 닥터로, 미국에 2년간 같이 떠날 계획이다. 자기 앞길을 척척 해 나아가는 아들이 자랑스럽다. 잘 커 준 착한 아들이다.

아이들은 자주 나에게 어떻게 우리 셋을 키웠냐고 물어본다. '너희들이 잘 해낼 줄 알았어.' 그저 믿고 기다렸다. 부모는 믿어 주고 용기 주는 사람이다. 앞으로 나아갈 수 있도록 등 떠밀어 준다. 가다가 힘들면 뒤돌아봐도 된다고 이야기한다. 한 발짝 떨어져 손잡으면 닿을 수 있는 거리에서 바라보는 것이 부모 마음이다. 내 곁을 떠나 살고 있는 아이들이 엄마가 잘 키웠다고 말하니 고맙다.

09

둘째야, 엄마가 이제 웃는다

정도영

첫 아이를 버스 안에서 낳을 뻔했다. 출산 예정일보다 양수가 먼저 터져 유도분만으로 아이를 낳기로 했다. 3교시쯤부터 진통이 오기 시작했다. 하필 이날은 전 직원이 오전과 오후로 나뉘어 건강검진 하러 가는 날이었다. 보결 수업을 해 줄 교사가 없었다. 4교시 수업까지 마쳐야 했다. 수업을 마치고 충무로 가는 버스를 탔다.

거제 둔덕면에서 충무병원까지 가려면 1시간 30분 정도 걸린다. 버스에서 10분 간격으로 진통이 왔다. 충무에 도착하자마자 급하게 택시를 타고 병원으로 갔다. 의사 선생님은 자궁 문이 이미 열렸으니 2시간 뒤면 아기가 나오겠다고 했다. 마음을 놓고 있는데, 통증이 더 잦아지기 시작했다. 바로 분만실로 갔다. 들어가자마자 아이를 낳았다. 병원에 간 지 30분 만이었다. 조금만 늦었으면 어찌 되었을까 생각하니 아찔했다. 부산에서 근무하고 있던 남편에게 알릴 새도 없이 아이가 태어났다.

오후 2시 40분에 2.8kg의 딸이 태어났다. 작은 눈, 까만 피부는 나를 닮았다. 작게 태어났지만 건강했다. 낮에는 잘 놀았는데, 밤이 되면 자지 않고 경기하듯이 울어댔다. 등에 업고 달래서 겨우 잠들어도 바닥에 눕힐 수가 없었다. 또 깨서 울까 봐 업은 채 무릎 꿇고 엎드려 밤을 새우기도 했다. 100일이 지나면서 조금씩 좋아졌다. 세상에 적응할 시간이 필요했던 것 같다.

큰애는 어릴 때부터 '신비한 동물의 세계, 인체의 신비' 등에 관심이 많았다. 의사가 되고 싶어 했다. 모의고사에서 학교 전체 1등 했다. 수능 성적도 좋았다. 전국 1등급 중에서 앞쪽이었다. 학교나 논술학원에서는 서울대 공대에 지원하라고 권했다. 본인의 목표는 오로지 의과대학에 가는 것이었다. 의대 세 군데에 지원했다. 진학 컨설팅에서는 합격으로 나왔지만 결과는 모두 불합격이었다. 할 수 없이 재수를 했다.

시험 운도 없었다. 전국의 의과대학이 전문대학원으로 바뀌는 때라 국립대 의대는 신입생을 뽑지 않았다. 문은 점점 좁아지고 가능성은 멀어지기만 했다. 다시 삼수했다. 이번에는 대학 어느 과에도 지원서를 내지 않았다. 자기가 가야 할 대학이 없다는 것이었다. 기가 막혔다. '저러다 대학도 못 가는 게 아닌지' 가슴이 철렁했다. '부모의 마음이 미어진다.'라는 말이 이런 거구나 하는 생각이 들었다. 삼수했는데도 의대와는 인연이 없었다.

"교육대학 가자, 엄마처럼 교사 되는 것도 좋아, 방학 있어서 여행도 자주 다닐 수 있어." 의대에 대한 미련을 버리지 못한 채 교육대로 방향을 돌렸다.

　4수를 하고 다행히 성적이 조금 올랐다. 의대, 약대를 지원했지만 약대만 합격했다. 나는 교대를 권했지만, 남편과 큰애는 약대를 원했다. 약사가 되어 일과 삶을 즐기며 살아가고 있다.

　첫째는 유치원 다닐 때부터 책을 많이 읽었다. 동화책 2권과 테이프 1개가 들어있는 애니메이션 세트를 하나 사다 주면 책 표지가 닳아 떨어져서 강력 테이프를 붙여가며 읽었다. 몇 번을 귀로 듣더니 문장을 외워서 책을 읽었다. 초등학교 1학년 때 담임 선생님은 "얘는 애 같지가 않아요. 쉬는 시간에 친구들과 놀지 않고 혼자 앉아 책만 읽어요."라고 했다. 선생님은 칭찬으로 이야기했지만 나는 기쁘지 않았다. 걱정이었다. '아이는 아이답게 친구들과 장난치며 놀아야 하는데…' 집에서도 자기 방에서 불도 켜지 않고 책 읽기에 빠져 있었다. 데리고 앉아 동화책을 읽어 주고 공부를 시킨 기억이 별로 없다. 스스로 하도록 원하는 것 시켜주고 그냥 지켜보기만 했다. 그것이 부모의 관심이라고 생각했다. 부족한 산수공부를 어릴 때부터 열심히 시켰어야 했다. 수학 때문에 원하는 대학을 못 가는 것을 보니 내 잘못인 것 같다.

　연년생으로 둘째가 태어났다. 아들이길 기대했는데 딸이라는 말에 조금 실망했다. 시어머니에게 눈치가 보였다. "어머니 섭섭하시죠." 했더니 "나는 아들이 셋이나 있으니 괜찮다."고 했다. 오히려 딸만 있는 내 걱정을 하신다. 아들이 많은 집에 딸을 둘이나 낳아

줘서 고맙다고도 했다. 시어머니의 말에 눈물이 핑 돌았다. 시어머니는 긍정적이고 인자하며 따뜻했다. 26년을 한집에 살았지만, 고부간에 큰 소리 내며 다툰 적이 없다.

둘째는 남편을 많이 닮았다. 피부가 희고 콧날이 오뚝했다. 순해서 아기 울음소리가 거의 나지 않았다. 저녁 아홉 시에 우유 먹여 재우면 다음 날 아침 여덟 시쯤에 일어났다. 울지도 않았다. 첫애랑 성향이 아주 달랐다. 똑같이 책을 사줘도 책엔 관심이 없고 소꿉놀이를 좋아했다. 성격은 나를 닮은 것 같다.

초등학교에 들어가니 받아쓰기에서 주로 40~50점을 받아왔다. 그래도 마냥 예쁘게만 보였다. 어쩌다 70점을 받으면 공책을 흔들면서 좋아했다.

큰애는 피부가 흰 둘째를 부러워했고 작은 애는 공부 잘하는 언니를 부러워했다. 둘째도 초등학교 4학년이 되니 성적이 조금씩 올랐다. 고등학교 때는 학급에서 1등을 했다. 약대에 가기를 희망했지만, 수능 성적이 좋지 않았다.

남편이 늘 아이들에게 재산은 물려주지 않아도 공부는 원하는 대로 시켜 준다고 했다. 둘째도 재수를 시켜 달라고 했다. 재수했지만 성적이 오르지 않아 다시 삼수했다. 둘 다 서울에 있는 재수학원을 보냈어야 했나 싶다. 결국 약대에 가지 못하고 간호대에 갔다.

간호대 졸업하고 보건 교사 임용 시험을 치르자고 이번에는 내가 권했다. 둘째는 여리고 소심해서 간호사가 적성에 맞지 않을 것 같았다. 보건 교사 임용 시험도 당연히 어려웠다. 3년째 겨우 합격했다. 세 번째 해는 반 포기 상태로 지원했다.

　임용 시험 1주일 전에 남편이 세상을 떠났다. 딸에게 마지막으로 남긴 말은 "아빠가 잘못되어도 너는 시험 치러 꼭 가야 한다."였다. 아빠 때문에 공부도 제대로 못 했으니 이번엔 아예 포기했다. 결과를 알아보려고도 하지 않았다. 그런데 딸한테서 전화가 왔다. 합격이라 하였다. 믿기지 않아서 반신반의하고 있는데 딸이 또 전화했다. 가슴이 철렁했다. "엄마, 교육청에서 전화가 왔는데 나보고 수석이래. 어느 학교 가고 싶냐고 물어보던데." 아, 그때야 실감이 났다. 남편이 하늘나라에서 도와주었나 보다. '둘째야, 정말 고마워. 엄마 이제 웃을 수 있겠다.' 하늘을 올려다봤다. 제일 먼저 남편에게 이 소식을 전하고 싶었다. 남편이 세상을 떠나고 만나는 사람들과 처음으로 마주 보고 웃을 수 있었다. 학교 전체 직원들에게 딸기를 한 바구니씩 돌리며 자랑했다.

　중학교 때부터 매일 도시락을 2개씩 싸주었다. 요플레도 집에서 만들어 먹였다. 제철 과일을 넣고 갈아서 먹였더니 고3 때도 변비가 없었다. 홍삼도 챙겨 먹였다. 간식도 열심히 만들어 주고, 밥도 잘 챙겨 먹였으며 원하는 대로 해주었다.

　아침에는 50분씩이나 걸리는 거리를 아빠가 학교까지 태워다 주었다. 저녁에는 내가 초저녁에 잠을 자고 10시쯤 데리러 갔다. 너무 졸렸다. 주말에는 학원에도 데려다주었다. 과외도 시켰다. 그것으로 최선을 다했다고 믿었다. 시험 치는 날에는 부담 줄까 봐 말

없이 표정만 살폈다. 아이들의 의사를 존중하고 관심을 가지고 지켜봐 주는 것만이 부모의 역할이라고 생각했기 때문이다. 모든 선택을 아이들에게 맡겼다. 부모의 재력과 정보력이 아이의 장래를 결정한다고 하는데, 지나고 보니 부모의 입시 정보가 부족해 아이들을 고생시킨 것 같다.

삼수는 기본, 사수는 선택으로 대학 진학은 힘들게 했지만 지금은 안정된 직업을 가지고 살고 있다. 약사인 큰딸은 아직 결혼하지 않았다. 독립심도 강하고 꿋꿋해서 "우리 집 장남"이라고 부른다. 멋지게 자기 삶을 살고 있다. 프리다이빙, 스킨스쿠버, 와인 동호회, 독서 토론회 등 다양한 활동을 한다. 가끔 엄마와 친구처럼 여행도 함께 가니 고맙다. 둘째는 뭐든지 "엄마, 엄마"라서 걱정했는데, 첫 발령지 남해여중에서 듬직하고 멋진 남자 교사를 만나 결혼하고 예쁜 딸 낳아서 잘살고 있다.

나의 태양, 내 딸들아, 엄마의 딸로 태어나 줘서 고맙다.

10
나를 어른으로 성장시켜 준 나의 천사들

조희숙

초보 엄마로 살아가는 매 순간이 처음이었고 두려웠다. 아이 목욕시키는 것조차 친정엄마의 도움 없이는 할 수가 없었다. 내 아이들을 키우다 보니 점점 부모님의 사랑을 알 수 있었다.

나는 늦은 시간까지 근무하는 백화점 일을 했다. 휴일에도 쉴 수 없었다. 아이들과 보낼 시간은 늘 부족했다. 할머니와 이모들이 보살펴 주었다. 아이들 학교생활에 관한 것은 나와 남편이 함께 역할을 했다. 꼭 해야 하는 중요한 일만 챙기는 정도였다. 나의 휴무는 아이들 학교 일과 시댁의 일에 썼다. 늘 바쁘고 피곤했다.

뒤돌아보니 아이들의 소소한 일상을 여유롭게 이야기 나눌 시간이 없었다. 하루하루를 분주하게 살아가느라 충분히 칭찬해 주고 격려해 주고 토닥여 준 기억이 많이 없다. 마음을 더 많이 함께하지 못한 것이 미안하다.

초등학교에 입학한 아들은 학교 마치고 돌아오는 길에 매장으로 매일 전화를 했다. 학교에서 있었던 일을 엄마에게 들려주고 싶어

했다. 아들의 전화가 반가웠지만, 매장의 손님들을 챙겨야 했다. 잠시 아들 말을 들어 주면 될 텐데 서둘러 전화를 끊었다. 내 일에 집중하지 못하는 것이 싫었다.

"급한 일 아니면 매장으로는 7시 넘어서 전화해야 한다."

퇴근 후 집으로 와 아이들을 앉혀 놓고 이야기했다. 여전히 엄마가 필요한 어린 나이였다. 엄마랑 재잘거리고 살도 부벼가며 어리광도 피우고 싶었을 나이다. 나는 나대로 매장 일이 바빠 밥 먹을 시간도 없을 때도 많았다. 일에 대한 책임을 다해야 한다고 생각했다. 아이들도 책임감 있게 살아야 한다고 강조했다. 아이들을 더 자주 따뜻하게 안아 주고 들어주는 것이 먼저여야 했다. 지혜롭지 못했다.

나는 주말이 더 바빠 쉴 수가 없었다. 가족끼리 같이 야외로 놀러 가거나 맛있는 음식을 해서 먹는 평범한 일상이 우리에겐 힘들었다. 엄마의 빈자리는 남편이 많이 채워주었다. 아이들은 아빠랑 도서관도 같이 다니고 공부도 같이했다. 내가 해준 음식보다 아빠가 해준 음식을 더 많이 먹고 자란 아이들이다. 우리 집은 엄마 아빠가 같이 집에 있는 날이면 지금도 "아빠, 밥 줘" 한다.

어느 날 아이들에게 너희에게 제일 미안한 것은 엄마가 일한다고 시간을 같이 많이 보내지 못한 거라 했다.

"우리 집 같은 데도 없어요."

부모 이혼으로 혼자인 아이가 많았는데 아빠 엄마는 곁에 있어 주어서 감사하다고 했다. 풍족하게 살아갈 수 있는 것도 감사하게 생각하고 있었다. 나를 도로 위로해 주었다. 아이들이 훌쩍 커 있었다. 그렇게 말해주니 조금 위안이 되었다.

아파트 분양을 받았는데 입주 시기가 안 맞아 잠시 언니 집에 18개월 된 딸아이를 맡긴 적이 있었다. 그때 이후로 아이는 분리 불안이 생겨 한참을 힘들어했다. 일 마치고 늦게 언니 집으로 가서 딸을 안으면 엄마를 알아보고 딱풀처럼 붙어서 잠이 든다. 한참을 안고 있다가 잠든 아이를 내려놓고 방문을 닫고 나왔다. 바로 또 울음소리가 들렸다. 아이는 엄마 품이 아니라는 것을 알게 된 것이다. 다시 또 들어가 재우고 나오기를 몇 번 반복했다. 안절부절못하는 나를 보고 언니는 알아서 할 테니 어서 피곤한데 집으로 가라고 했다.

울음소리를 뒤로하고 집으로 돌아오는 나도 울고 울고 있는 딸아이도 같이 있고 싶은 마음이었다. 아들은 할머니 집에서 지냈다. 아빠가 장난감을 사다 주면 펄쩍 뛰며 좋아했다. 시어머니와 언니의 도움으로 아이들을 맡기고 일할 수 있었다. 몇 개월 이산가족으로 살다가 새 아파트로 입주해 가족이 한집에 살게 되었다. 그 이후에도 두 사람은 집으로 와서 아이들을 돌봐주고 집안일도 도와주었다. 가족이기에 가능한 일이었다.

딸 정은이는 엄마 바라기다. 아빠한테도 잘 가지 않는 울보였다. 아침 일찍 어린이집 차에 태워 보내면 창문 너머로 손가락 입에 물고 눈에 눈물이 그렁그렁한 채로 나만 보고 있었다. 차가 떠날 때까지 손 흔들어 주고 돌아서는데 내 눈에도 눈물이 맺혔다. 서둘러 가야 하는 출근길이었다.

여전히 엄마를 찾는 6살 딸과 팔베개하고 마주 보며 물었다. "정은아, 엄마 회사 가지 말고 너랑 이렇게 있으면 좋겠니?" 그랬으면 좋겠다고 끄덕이면서 나를 빤히 쳐다보았다. 그러면 "정은이가 가지고 싶은 나이키도 가질 수가 없고 사고 싶은 것도 살 수 없는데 괜찮아?" 그때는 아이들에게 나이키 브랜드가 신발이고 가방이고 인기가 제일 많았을 때다. 크고 예쁜 눈으로 아이는 아니라고 했다. 엄마 회사 가도 된다고 했다. 울지 않겠다고 손가락 걸고 약속하고 지장도 찍었다. 그 후론 나에게 회사 가지 말라고 떼를 쓰는 일이 없었다. 분명 딸아이는 영리했다.

아들은 맞벌이 엄마 아빠를 둔 덕에 한 살 어린 동생을 보호해야 한다는 책임감이 어릴 적부터 생긴 것 같다. 어디를 가나 늘 동생 손을 꼭 잡고 다녔다. 동네 어른들에게 항상 예의가 바르고 인사도 잘했다. 성인이 된 지금도 우리 집 예스맨이다. 동생보다 한 살 많은 아들에게 늘 양보하라 동생을 보호하라 가르쳤다. 그것 또한 나에게는 아들에게 미안하고 고맙다. 엄마에게 한창 어리광을 부릴 어린 아들은 너무 일찍 철이 들었다. 사춘기가 되면서 말수가 줄고 방으로 들어가 버렸다. 종알종알 이야기 잘하는 아들은 과묵해졌다. 그렇게 빨리 커 버릴 줄 몰랐다.

여름휴가 때는 시동생 가족들과 여행을 갔다. 놀이기구, 말 타는 체험장 등 아이들이 좋아할 만한 곳들을 찾아다녔다. 텐트를 들고 산으로, 바다로 여행을 다녔다. 시동생과 동서는 아이들을 정성껏 챙겼다. 내 사업 지분에는 가족들의 희생과 배려가 있다.

아들은 영상 촬영하는 일을 한다. 딸아이는 은행원이 되었다. 각자의 자리에서 열심히 하는 아이들이 고맙다. 아이들이 나를 어른으로 만들었다. 열심히 살아왔지만 아이들에게는 늘 미안한 마음이 있었다. 두 아이가 자신의 삶을 잘 살아가는 것을 보니 최선을 다해 살아온 지난날에 대한 성적표를 받는 것 같다. 과정 없는 결과는 없다. 아이들이 힘들다고 하면, "언제든 네 편이 되어 손잡아 줄게."라고 말할 것이다. 이제 곧 아이들이 짝을 찾아 떠날 테니, 나도 예쁜 며느리와 멋진 사위를 귀하게 맞이하고 싶다.

인생에서 여유를 가지고 세상일에 따를 건 따르고 이끌어가면서 자기가 하고 싶은 일을 하고 돈도 벌면서 행복하게 살아가기를 부처님 전에 기도드린다.

제4장

지금이 가장
아름다운 나

01

나의 내비게이션을 다시 켜자

구영애

　남편을 도와 시작한 일은 오전 9시부터 시작해서 밤 10시가 되어야 끝났다. 아들은 친정집에서 자랐다. 4살 꼬맹이는 일주일에 한 번 집으로 왔다. "엄마 피곤하니까 더 자! 나 혼자 놀 수 있어!" 미안한 마음에 벌떡 일어나 공원에 산책하러 나갔다. 아들과 함께해야 하는 시간이 필요했다. 이제 곧 5살이 된다. 유치원도 가야 한다. 오후 3시는 하원을 하는데 보살펴 줄 수 있는 사람도 없다. 다니던 직장을 그만두었다.

　아침엔 느긋하게 아이의 손을 잡고 유치원에 함께 갔다. 그동안 못했던 책 읽어 주기, 공원에 놀러 나가기, 오후에 마트도 함께 갔다. 아들이랑 함께하는 시간은 너무 행복했다. 하지만 오전 아들 없이 혼자 보내는 시간이 아까워 새로운 일을 찾아보기 시작했다.

　아이를 키우면서 할 수 있는 일이면 좋겠다고 생각했다. 요가학원이 눈에 들어왔다. 나는 몸이 유연하다. 운동 신경도 꽤 좋은 편이다. 요가를 배워서 요가 강사를 해보는 것도 좋을 것 같았다. 이런저런 고민을 하던 중 조카의 발레 선생님에게 필라테스에 대해 듣게 되었다. 20년 전 한국에서 필라테스는 생소한 운동이었다. 발레 선생님은 대구에서 서울까지 기차를 타고 배우러 간다고 했다. 나는 아들도 키워야 하고 서울까진 갈 엄두는 낼 수 없었다.

필라테스에 대해 미련이 남아 인터넷에 조회하면서 알아보았다. 미국에서 무용수들이 하고 있다고 했다. 할리우드 여배우들이 하면서 대중들에게 알려지기 시작했다. 검색을 하다가 한 달 전에 대구에 필라테스 센터가 오픈했다는 정보를 찾았다. 혼자 가기는 두려웠다. 작은 언니가 떠올랐다. 내가 무엇을 하든 지지해 주고 응원해 주는 언니이다. 항상 옆에 있었다. 남편과 헤어지려고 포항에서 대구로 왔을 때도 바로 친정으로 가지 않고 언니네로 갔다. 이유를 묻지도 않았다. 어른들 걱정하시니 당분간 언니 집에서 지내며 생각해 보자 했다. 방 하나를 선뜻 내 주었다.

이번에도 언니는 "같이 가보자" 했다. 작은 언니와 함께 필라테스 스튜디오를 방문했다. 멋진 슈트를 입고 반갑게 인사하는 원장님과 처음 보는 커다란 기구들이 멋졌다. 빛이 나는 것 같았다. 운동을 막 마친 중학생쯤으로 보이는 여자아이가 있었다. 몸이 불편해 보였다. 원장님이 여학생에 대해 얘기해 주었다. 뇌성마비가 있어 처음엔 혼자 걸어올 수도 없었다고 했다. 운동한 지 3개월 만에 혼자 집까지 걸어갈 수 있게 되었다고 했다. 깜짝 놀랐다. 궁금해졌다. 꼭 배워보고 싶었다. 비상금으로 모아둔 돈 300만 원을 찾아 필라테스 지도자 과정에 등록했다.

필라테스 이론은 인체 해부학이 기본이다. 뼈와 근육들을 달달 외웠다. 수업이 끝난 후에도 연습실 구석에서 혼자 연습했다. 실기, 필기 모두 시험에 통과했다.

필라테스 강사가 되었다. 필라테스를 아는 사람이 없었다. 자격증은 있는데 어디 가서 가르칠 수가 없었다. 오기가 발동했다. 집 가까운 헬스장 관장님들을 찾아갔다. 무료 수업을 1년 정도 진행했다. 시간이 지나면서 회원들이 나의 열정과 정성을 알아주기 시작했다.

정규수업에 서로 등록하겠다며 줄을 서기 시작했다. 대기자가 생기고 인기 강사가 되었다. 아들과 보내는 시간이 많아져서 서로가 안정을 찾아가던 중이었는데, 내가 필라테스에 푹 빠지고 말았다. 큰언니가 살고 있는 아파트 같은 동으로 집을 알아보고 이사를 했다. 언니에게 아들을 맡겼다. 유치원 보내고 밥 챙겨 먹이고, 학원 보내고 씻겨서 재우기까지 했다.

필라테스 협회를 만들고 강사도 키워내며 정신없이 몇 년을 보냈다. 부족함이 채워지지 않았다. 제대로 공부해 보고 싶었다. 물리치료학과를 가야겠다고 결심했다. 일을하느라 한 3년을 미루었다. 더 이상 미룰 수가 없었다. 마흔에 새내기 학생이 되어 스무 살 학생과 함께 공부했다. 물리치료학과 4학년의 공부는 입시를 준비하는 고등학교 3학년 같았다. 기초해부학부터 단계적으로 하나하나 배웠다. 해부학 교수님은 영어 철자 하나 틀리는 것조차 용납하지 않았다. 근육의 모든 이름을 영어로 외워야 했다. '나이 많은 학생 좀 봐주시지' 원망도 했었다. 재시험을 치지 않으려고 지독하게 외왔다. 나는 이미 필라테스 운동을 통해 통증이 있는 환자를 운동시킨 경험이 많았다. 하지만 제대로 치료가 안 되는 것 같아 답답했었다. 기능 해부학, 신경 해부학, 운동 치료학을 공부하면서 그동안 궁금증이 해소되기 시작했다. 새로운 내용을 깨달을 때마다 필라테스에 관한 생각뿐이었다. 마지막 학기 물리치료사 면허증을 따기 위해서 한 달 내내 코피를 흘리며 공부했다. 낮에는 일, 밤에는 국시 준비를 했다.

내가 지금까지 살아오며 제일 잘한 것이 필라테스를 시작한 거다. 필라테스를 더 잘하고 싶어 물리치료학과에서 다시 공부를 시작했다. 물리치료사 면허증을 취득하고 '재활 필라테스'로 방향을 정했다. 물리치료뿐 아니라 운동 관련 국제 세미나가 열리면 모두 신청하고 강의에 참여했다.

지금은 영상 의공학 박사과정 중이다. 필라테스를 통해 재활할 수 있는 사례들을 찾아내기 위해 계속 연구 중이다. 근력이 약해 잘 넘어지는 30대 뇌성마비 환자에게 운동을 시켰다. 넘어지는 횟수도 줄고 균형 감각도 많이 향상되었다. 이 결과를 논문으로 발표했다.

코로나 오기 전 2년은 나에겐 일요일이 없었다. 새벽 첫 기차로 서울 가고 막차를 타고 대구로 돌아왔다. 일주일 중 6일은 아침부터 수업하느라 일찍 집을 나가야 했다. 밤 10시는 넘어야 집으로 돌아왔다.

세미나가 끝나면 증상에 맞는 프로그램을 만들었다. 운동 후 회원에게 피드백 받으며 매일 발전시키고 있다. 얼마 전 레드밸런스 대표님이 필라테스를 몇 살까지 할 건지를 물었다. 1초의 망설임도 없이 대답했다.

"내 가족, 친구들과 건강한 노후를 함께 하는 그날까지 운동을 가르칠 거예요."

우리는 이제 100살을 거뜬히 살아가고 있다. 30년을 선물로 받았지만, 젊고 건강한 30년이 아니라 노인으로 지내는 시간 30년을 선물 받은 것이다. 병원에서 보낼 것인지 왕성한 활동을 하며 보낼지는 자기 자신에게 달려 있다. 나도 좋아하는 일 즐기며 가족들과 행복하게 보내고 싶다.

파킨슨병으로 혼자 걷기도 힘들어하시던 78세 할아버지를 가족들이 모시고 왔다. 대, 소변 조절도 힘들어 결석도 자주 했다. 운동 오는 길에 똥 싸고, 운동 후 신발 신다 오줌 싸고 하는 경우가 빈번했다. 일 년이 지났다. 오늘은 노란색 셔츠에 하얀 바지를 깔끔하게 입고 운동 왔다. 멋있다는 나의 칭찬에 어린아이처럼 답한다.

"오늘 운동 마치고 친구들이랑 모임 있다."
"내가 앞으로 10년은 더 운동 하고 싶은데… 되겠나? 허허허!"

할아버지는 이제 파크 골프도 나가고, 여자 친구도 생겼다.

내가 좋아하는 일을 하면서 돈도 벌고, 사람들의 건강한 노후를 만들어 줄 수 있는 일을 하고 있다. 이제 내 건강도 돌봐야겠다. 하루에 한 시간 나를 위한 운동시간을 정했다. 내가 건강해야지 더 많은 사람을 오랫동안 도와줄 수 있다. 지금까지 숨차게 달려온 나에게 말해주고 있다. 숨 고르고 조금은 천천히 하자. 꾸준히 나가자. 갱년기와 함께 나에게 류머티즘이 찾아왔다. 신선한 채소 먹기, 커피 대신 물 마시기, 좋은 음식과 규칙적인 생활을 하기 위해 노력 중이다.

내 마음의 내비게이션을 다시 틀었다. 도착해야 하는 정확한 목표지점을 입력하고 주유도 가득 넣어 주고 중간중간 휴게소도 들르며 흔들림 없이 다시 출발한다.

02
내가 여행과 당신을 만나지 않았더라면 어쩔 뻔했어

권경희

 도시의 가난한 유학생의 꿈은 사장이 되는 것이었다. 시골에서만 자랐다면 다른 꿈이 생겼을지도 모르겠다. 일이 너무 좋았다. 퇴근하고 집에 오면 바로 쓰러졌지만, 다음 날이 또 기다려졌다. 출근하고 싶어 알람 시계 없이도 저절로 눈이 떠졌다. 아침이 되기 전에 몇 번이나 잠을 깨서 시계를 보곤 했다. 소풍 가는 날 같았다. 내가 주인이 되어 하는 일이 좋았다. 힘이 들면 힘이 더 나는 게 힘의 원리라고 했다. 일이 없어질까 봐 불안해서 매장을 네 개까지 운영한 적도 있다.

 30여 년 동안 로드샵과 백화점에서 매장을 운영하고 있다. 열 명이 넘는 직원들과 함께 회식할 땐 영화에 나오는 멋진 보스 같았다. 열심히 살았다. 일, 엄마, 아내로 최선을 다했다. 턱에 큰 혹이 달린 욕심쟁이였다. 이미 차고 넘쳤지만 계속 채우려고 했다. 손님들이 와서 좋은 대학에 들어간 자식 자랑을 하거나 건물 자랑을 하면 부럽고 속상했다. 내 아이가 가야 할 학교는 다른 집 아이들이 가 있다. 내가 가졌으면 하는 건물은 모두 남이 다 가지고 있다. 매장 안의 세상이 전부인 줄 알고 살았다. 내가 다 안다고 생각하며 살았다. 뭘 모르는지 모르면서 잘난 척하며 살았다.

2015년 8월 친구의 소개로 여행하는 술샘을 만났다. 그 당시 내 나이 오십이었다. 그는 외식 경영학 박사학위를 가진 대학교수였다. 교수의 삶보다 자유롭게 여행하는 삶을 위해 사표를 냈다고 했다. 서른 번이 넘는 여행을 함께 했다. 여행으로 일상을 떠나면서 알게 되었다. 멈추는 법을 알게 해주었다. 쉼표 찍어가며 살아갈 수 있게 되었다. 나를 세상 밖으로 꺼내주었다. 새로운 것에 용기 있게 도전할 줄 아는 사람이 되었다.

다른 사람의 시선에서 벗어나게 되었다. 사람들의 다른 모습들도 존중할 수 있게 되었다. 세상을 살아가는 우선순위를 조정하게 되었다. 여행하는 술샘의 풍부한 지식은 부족한 나를 채워주었다. 10년을 더 산 나의 지혜와 경험으로 우리는 잘 어울리는 친구가 되었다. 여행을 함께 계획하고 함께 떠난다. 수십 번의 여행을 함께 다녀왔다, 그중 크루즈 여행은 나의 1등 여행 메뉴이다. 1년에 한 번 이상은 꼭 크루즈로 여행하고 있다. 여행은 내 삶을 바꿔주었다. 분주한 내 일상을 정리하게 도와준다.

여행하면서 스마트해졌다. 새로운 것을 배워 와서는 핸드폰이 터져라 앱을 깐다. 어느 날 배웠는데 순서를 깜박 잊어버려 아들에게 다시 물었다. "어떻게 어머니는 한 개를 가르쳐 드리면 열 개를 잊어버리세요." 그 말에 화난 게 아니라 손뼉 치면 눈물이 찔끔 나게 둘이 웃었다. 그런 시간을 보냈다. 앱에서 전 세계 모든 여행을 선택한다. 가이드와 연결도 한다. 비행기 예약도 한다. 전자기계 중 가장 잘 사용한다.

인스타그램 계정도 만들었다. 영상 콘텐츠를 만들며 동시대를 살아가는 시니어이다. '더뉴그레이' 과정을 등록하고, 매주 한 번 서울에 올라갔다. 영상을 찍었다. 편집도 직접 했다. 시니어 인플루언서 활동을 배웠다. 인스타그램에 '비비의 여행 옷 가방'이라는 계정을 만들고 10개월 만에 팔로워 1000을 만들었다.

하루 종일 매장에서 서서 일하며 지치고 스트레스가 가득한 날에도 짬을 내어 강의를 듣는다. 유튜브에서 '김창옥 교수님'의 강의를 골라 하도 들어서 내용을 다 외울 정도다. 목소리에도 얼굴이 있다고 배웠다. 그때부터 고객을 편안하게 하는 톤과 속도를 연습했다. 쇼 호스트 해보라는 소리를 들을 정도로 잘하게 되었다. 김창옥 교수님 강의 중에 '여기까지 잘 왔다.'를 100번 넘게 들었다, 나 스스로 어깨 토닥이며 현재까지 잘살아 왔다고 말해주었다. 내 마음과의 소통이 시작되었다.

코로나로 일 년에 몇 번씩 다니던 여행이 중단되었다. 떠날 수 없어서 여행을 함께 다니던 사람들과 새벽에 줌으로 만났다. 미루어 두었던 숙제 같은 영어 공부를 시작했다. 2020년 5월에 시작된 영어 공부는 지금까지 하고 있다. 4년이 되는 날 1,460일 숫자 넣은 케이크에 초를 켜고 함께 파티했다. 혼자 했다면 할 수 없었을 것이다. 스스로 대단하다 했다. 리딩해 준 술샘 덕분이다. 빨리 가려면 혼자 가고 멀리 가려면 함께 가야 한다.

2023년 12월 영어 캠프에서 모두 모였다. 영어 교재의 저자 김태연 선생님과 영상으로 만났다. 응원의 메시지를 받았다. '언제까지 어디서 영어로 말할 것이다.' 하는 꼭 목표를 세우라고 했다.

그 말에 몰타 한 달 살기 여행을 계획했다. 4주간 어학연수를 하며 여행도 한다. 말하는 대로 된다. 지난 4년 동안 매일 30분씩 영어 수업에 참여했다. 수업 마치면 외워서 녹음하고 영상도 올린다. 수없이 반복하고 외어 보지만 금방 또 까먹는다. 그래도 한다. 매일 반복했다. 잘하는 게 아니라 난 영어를 배우는 사람이고 매일 하는 사람이다. 학교 다닐 때 안 했던 공부를 지금 하고 있다. 인생 총량의 법칙이 있단다. 손자 손녀 데리고 어느 나라든 가서 한 달씩 지낼 수 있을 만큼의 실력을 쌓는 게 목표다. 그날까지 그냥 하는 거다.

3년 전 자이언트 북 컨설팅에서 이은대 작가님 책 쓰기 수업을 등록했다. 평생회원으로 수업을 들을 수 있다. 꾸준히 쓰다 보면 출판 작가도 된다고 했다. 그 결실이 2024년에 이루어졌다. 공저로 글을 쓰게 되었다. '드레스를 준비해 놓으면 파티에 갈 일이 생긴다'라는 외국 속담처럼 삶이 만들어지고 있다.

글을 쓰는 것은 나를 완성하고 남을 돕는 일이다. 좋은 어른이 되고 누군가에게 좋은 영향을 줄 수 있는 삶을 살 수 있어서 다행이다.

오십이란 나이는 내게 큰 전환점이 되었다. 캐리어를 끌고 자주 일상을 떠났다. 낯선 곳에서 지낸다. 긴 숨이 쉬어진다. 바쁘게 앞만 보고 지낸 날들을 정리하게 해준다. 뭘 하고 살면 더 의미 있는지도 알려준다. 여행과 여행하는 술샘은 일만 하며 지내던 나에게 온 종합 선물 세트다. 선물같이 나에게로 왔다.

마음의 문은 활짝 열어놓는다. 세상에 볼 것과 할 것이 많다. 하루 25시간도 부족하다.

50이 넘어 새로운 것 배우고 익히며 끝없이 개발하고 일하는 나에게 딸은 '엄마가 쉬는 것을 가르쳐 줘야 나도 쉬어가며 할 텐데, 나보다 배로 더 배우고 익히고 있네. 이 모든 것 안 하면 또 뭐 할 거야. 할 수 있을 때 해야지.' 그게 지금의 내 생각이다.

이제 육십이다. 내가 가장 잘하는 것 좋아하는 것은 30년 가까이 하는 사업이다. 퇴직 없이 할 수 있을 때까지 할 거다. 앞으로가 더 기대된다. 이 글을 쓰면서 이게 글이야 똥이야 하면서, 내가 육십에 베스트셀러 작가 되면 어떡하지! 즐거운 상상을 한다. 나이 들어갈수록 배우고 싶고 하고 싶은 게 더 많아진다. 내가 처음 일 시작할 때부터 지켜본 친구에게 나 죽거든 묘비에 열심히 살다 갔다고 적어 달라고 말했었다. 이젠 문구를 바꿔 달라고 말했다. 멋지게 살다 갔다고.

03
나는 오늘도 발칙한 꿍꿍이 중

김경량

나는 매일 산책을 한다. 10년이 넘은 오래된 습관이다. 햇살이 좋은 낮엔 강변을 따라 두 시간도 거뜬히 걷는다. 볕이 뜨거운 여름날은 저녁을 먹고 달빛 산책을 한다. 초저녁 석양을 보며 강변을 걷는다. 강을 따라 조금씩 다르게 다닌다. 보통은 혼자다. 처음엔 같은 길로 다녔다. 같은 길이지만 하루도 같지 않다. 하천 변의 풀잎도 나무도 강 위에 떠다니는 오리도 매일 다르다. 하늘빛도 공기도 다르다. 내가 품고 나오는 마음도 다르다.

길을 걷다 보면 자주 보는 사람들이 있다. 서로는 알아보지만, 아는 척은 하지 않는다. 오늘도 걷는구나 한다. 며칠 보이지 않으면 안부가 궁금하다. 그러다 다시 나타나면 나도 모르게 인사를 한다. 얼결에 인사를 받아 준다. 친구도 가끔 마주친다. 서로의 뒤꽁무니를 알아보고 같이 걷는다. 혼자 산책을 하면 나만 생각하면 된다. 가다 쉬고 싶으면 쉰다. 벤치에 누워도 잔소리 걱정이 없다. 하늘만 봐도 좋다. 골목 산책도 한다. 골목을 헤집고 다니는 건 특별한 감각을 일깨운다. 화양연화 속 어느 장면 같은 분위기로 걸을 수 있다. 저 골목을 돌면 '컷'을 외치는 무리가 앉아 있을 것 같다. 그 구역이 임자인 길고양이들도 만난다. 외진 골목 모퉁이에 선물처럼 카페도 숨어 있다. 시간 여행을 하는 듯하다. 내가 사는 밀양은 그런 곳이다. 산도 있고 강도 있고 오래된 골목도 있다.

산책을 같이하는 동무도 있다. 둘이 걸으면 훨씬 오래 멀리 산책한다. 사람들이 잘 모르는 산책 장소를 서로 소개한다. 산책코스도 달라진다. 그간의 일상을 나눈다. 어딜 갔다 왔고 누굴 만났고 어디는 좋았다며 담에 같이 가자로 끝난다. 이전에 그 동네가 어떠했는지 아는 척도 한다. 나는 보물 상자를 열듯이 하나씩 알려주는 것이 즐겁다. 둘이 산책하면 새로운 장소를 발견하는 기쁨도 있다. 혼자서 선뜻 나서지 못하는 장소도 용감해진다. 함께하는 산책은 따뜻하다. 함께하는 가득함이 있다.

걷기는 좋은 벗이 되었다. 온갖 즐거운 상상이 떠올랐다 가라앉는다. 대부분은 사라지는 생각들이지만 가끔 실행에 옮기는 상상들도 있다. 대만 한 달 살기는 생각과 동시에 이루어진 상상 중 하나다.

어느 날 친구가 치앙마이로 한 달 살기 간다는 이야기를 들었다. 싱글인 친구는 그녀의 다른 싱글 친구와 둘이 여행을 계획했다. 더블인 나는 똥 마려운 강아지처럼 안절부절못했다. '나도 고'를 외쳤다. 싱글들은 뭉쳐서 가고 유부녀는 싱글이 되어 떠났다. 누구나의 로망일 것이다. 둘은 하나가 되기를, 하나는 둘이 되어 떠나는 여행. 일상으로부터의 완전한 해방이다. 나에게 관대해지기 여행이다. 오직 나만 챙기며 내 맘이 가리키는 곳에서 나와만 지내다 오리라 마음먹었다.

인생의 결정적인 순간은 항상 예고가 없었다. 회사 생활을 접게 만든 귀농 프러포즈도 그랬고 아이를 출산하다 황천길 갈 뻔한 일도 그랬다. 한 달 살기도 예고편이 없었다.

마음먹으니 일은 일사천리로 진행됐다. 결심한 날 바로 항공권을 검색했다. 12월 25일 자 29,000원 항공권은 '잘 다녀오십시오.'라고 속삭이는 것 같았다. 예수님 탄생의 축복을 누리며 떠났다. 한 달간의 여행이 아닌 살기를 할 생각이어서 마음이 느긋했다. 이래 볼까 저래 볼까 고민되면 그냥 가서 결정하는 것으로 미루었다. 한 달이라는 기간이 주는 넉넉함이 준비하는 과정도 느긋하게 했다.

대만은 대학 시절 여름 방학에 동기들과 보름간 배낭여행을 한 곳이다. 여름의 대만은 60도가 넘는 습식사우나 같았다. 1992년 여름은 중국과 수교를 하기 전이었다. 중문학도들이 갈 수 있는 중화권은 대만뿐이었다. 우리는 부모님 주머니를 털어 얻은 경비를 조금이라도 아끼려고 웬만하면 걷고 포개서 잤으며 대충 먹었다. 그렇게 여럿이 하나로 뭉쳐서 갔던 여행이 30년이 지나 이번엔 혼자 떠났다.

혼자 하는 여행은 나를 잘 데리고 가는 여행이다. 나만 챙기면 된다. 온전히 나를 관찰할 수 있는 시간이다. 하루를 어떻게 계획하고, 계획대로 할지 말지도 내 맘이다. 전날 생각한 계획을 덮고 동네 근처를 어슬렁거려도 누구의 눈치를 보지 않아도 된다. 하루하루를 오늘이 전부인 것처럼 지냈다.

묵은해를 보내고 2024년을 타이난에서 맞았다. 큰 기대 없이 간 타이난은 이번 여행에서 찾은 보물 같은 곳이다. 한 번으로 끝낼 수 없는 매력적인 도시였다. 타이베이가 수도가 되기 전 200여 년 수도였던 고도이다. 타이완의 역사가 풍경 속에 고스란히 녹아 감성을 일깨웠다. 골목골목이 그림에나 나올법한 모습을 하고 있다. 사진을 찍고 동영상으로 남기고 소셜미디어에 올렸다.

추억이 담긴 사진과 동영상을 보다 문득 그려 보고 싶었다. 그리는 동안은 그곳을 배회할 수 있을 것 같았다. 누가 던져준 풍경이 아닌 내가 거닐던 그곳을 그리고 싶었다. 바로 스케치북을 사고 4B연필을 샀다. 그리고 선생님도 초빙했다. 매일 선을 긋는다. 원도 그린다. 굵은 선, 짧은 선, 긴 선, 둥근 원, 타원…. 머리로 생각하고 손끝에 집중해서 그리는 연습도 재밌다. 그리기는 이번 여행이 남긴 최고의 선물이다.

작년 초 아이스크림 매장을 인수했다. 매장 안 조그마한 공간에 홀려 덜컥 사장이 됐다. 그곳에서 중국어 수업을 하고 나를 위한 영어 공부를 하고 글을 쓴다. 양도해 준 분은 매장 관리에 만전을 기하라 주문했지만, 나는 운영을 헐렁하게 한다. 매장을 찾는 고객들을 잠재적 도둑놈으로 볼 수 없었다. 가끔 감시카메라에 찍힌 공짜 손님들도 나는 서비스 손님이라 부른다. 기부 손님이라고도 부른다. 대부분 어리거나 한 잔 드신 분들이다. 어린 돈 없는 친구들은 사장이 있을 때 허락을 받고 먹으라 했다. 단, 한 가지 칭찬 받을 거리를 만들어 올 것을 주문했다. 그 친구들은 어느 날 한 반 친구들을 다 끌고 와 아이스크림 회식을 하고 가기도 했다. 그 날은 통 큰 기부를 한 날이었다. 요즘 보기 힘든 임산부들이나 군복 입은 청년들이 오면 나는 그냥 퍼준다. 주는 행복감이 크다. 비수기인 겨울 방학에도 매일 방문하는 초등학교 충성 고객들과는 동네 친구다. 나의 공간에서 차도 마시고 요즘 초딩들의 고충도 나눈다. 유모차에 실려 오던 아이가 어느 날 아장아장 걸어 들어온다. 한 달 후 아이는 매장을 뛰어다닌다. 커가는 아이들의 모습을 보는 것은 아이스크림처럼 달달하다.

할까 말까 생각하는 순간 나는 이미 하고 있다. 하다 보면 계속해 나아가는 것이 있고 멈추는 것이 있다. 나는 오늘도 산책한다. 새벽 5시에 일어나 영어 공부를 하고 오전엔 아이스크림 사장을 하고 오후에는 중국어를 가르친다. 매장 안을 달달한 웃음으로 채워주는 꼬마 손님들과 차를 마시고 그림을 그린다. 날씨가 구리면 기타를 치고 날씨가 좋으면 자전거를 몰고 나간다. 지구본을 돌리며 어디서 또 살아볼까 찾는다. 걷고 달리다 보면 매일의 행복한 꿍꿍이들이 샘솟는다.

04

내가 꿈꾸던 바로 이 자리 지금

김수하

새벽 다섯 시 반에 알람이 울렸다. 평소보다 45분 늦은 기상이다. 오늘은 영어 수업이 없는 날. 아직 눈꺼풀에 내려앉은 잠의 여운이 털리지 않았다. 몇 분간 뜸을 들이며 일어나지 못했다. 몸을 반쯤 비틀며 일어났다. 욕실로 들어섰다. 양치부터 했다. 시야가 조금 맑아진다. 보온병에서 물을 따라 마셨다. 창문을 열었다. 새소리가 들린다. 숨을 깊이 들여 마셨다. 날것의 찬 새벽공기가 폐로 들어왔다. 정신이 든다. 목 언저리가 스산해졌다. 조끼를 찾았다. 방안에는 없다. 부엌으로 난 문을 열었다. 윤지가 쪼르르 달려 나온다. 애써 눈빛을 외면했다. 지금은 아는 척을 할 때가 아니다. 식탁 의자에 걸쳐둔 조끼를 낚아채고 재빨리 방으로 들어왔다.

한 발로 서서 버티기를 했다. 왼쪽 다리 1분 42초 오른쪽 다리 2분 12초. 며칠 전보다 더 못 버틴다. 하긴 감 숨기를 하느라 며칠간 몸을 많이 쓰긴 했다. 어느새 여섯 시 구분이다. 방석을 깔았다. 향을 피웠다. 명상을 마치니 일곱 시 십 분이다. 부엌에 나가 서둘러 아침을 준비했다. 늦어도 여덟 시 전에는 남편이 식사할 수 있어야 한다. 해 뜨는 시간에 맞춰 일을 시작하기 때문이다. 냉장고에서 아침에 먹을 삶은 콩과 토마토, 들깨, 달걀 등을 꺼내놓았다.

커피를 내려 내 방 창문 앞으로 왔다. 나는 이 시간이 제일 좋다. 명상과 함께 하루 중 놓치고 싶지 않은 시간이다. 우울증이 심했다. 삼십 대 때부터. 자주 슬펐다. 상처를 쉽게 잘 받았다. 매사에 의욕이 없었다. 이 십여 년 전에 명상 수행을 만났다. 차츰 우울증에서 벗어났다. 사 년 전 시어머니가 치매 판정받았다. 우리 집에 와서 지냈다. 한 달에 한두 번 외출하기도 어려웠다. 시어머니는 일 년 후 요양원에서 지내시다가 지난해 돌아가셨다. 지금은 친정엄마와 함께 산다. 시어머니와 함께 살 때보다 마음이 가볍다. 인생에서 웬만한 큰일은 다 지난 것 같다.

어른이 되어서도 건강이 좋지 않았다. 감기 자주 걸리고 빈혈에 변비 위염까지 있었다. 일하다가 저혈압으로 방전돼 다른 사람 차에 실려 집에 온 적도 있다. 아기 옷 가게를 할 때였다. 밥을 제때 잘 못 먹었다. 혼자 있을 땐 종종 눕고 싶었다. 머리가 아프고 소화가 안 됐다. 밥을 같이 먹으려고 찾아온 지인과 밥을 먹을 수 없었다. 배고픔을 잘 못 느꼈다. 먹고 싶은 것도 없었다. 체중이 50kg에서 42kg까지 빠졌다. 길 가다가 누구랑 어깨만 살짝 부딪혀도 휘청했다.

사십 대 초반에 바른 먹거리를 실천하는 모임에 참여하게 됐다.

거기서 음식을 먹고 오면 변비가 해결됐다. 모든 음식이 입에 맞았다. 평소의 양보다 두 배나 먹었다. 요리에 관심을 가지게 됐다. 집밥의 필요성을 느꼈다. 원재료가 중요하다는 걸 깨달았다.

오십 대 초반에 하던 일을 정리했다. 집에만 있기로 했다. 엄마와 아이들에게 음식을 만들어 먹이고 싶었다. 나의 부재로 집에서 새 나가는 돈이 많았다. 내가 푼돈을 벌어봐야 의미 없는 일이었다. 체력도 더 떨어졌다.

웬만한 소비는 다 줄였다. 외식하지 않고 집에서 다 만들어 먹는다. 텃밭을 가꿨다. 장을 담갔다. 집에서 나오는 농산물로 틈틈이 발효음료도 만들었다. 감말랭이, 곶감, 감잎차, 감식초 등. 봄에는 나무에서 새순을 채취한다. 참, 가죽, 엄나무 순, 두릅과 땅두릅, 머위잎, 눈개승마, 표고버섯 등. 직접 담근 된장 등을 포장해 형제와 친구들에게 택배로 보냈다. 그들은 말린 생선이나 옷 등을 보내왔다. 계속되니 돈도 조금씩 보내왔다. 요즘은 시내에 사는 지인들에게 주문도 받는다. 시세보다 조금 더 싸게 낸다.

농사일 거들고 막걸리와 쌀 요구르트를 만들어 먹는다. 쑥, 솔, 박하 잘라다 발효액도 담근다. 실력이 모자라 만들 때마다 식감이나 모양이 달라지는 천연발효종 호밀 빵도 만들어 먹는다. 틈내서 글쓰기 수업에 참여하고 책을 읽는다.

지금 이대로의 삶이 좋다. 한 가지 더 바람이 있다면 사랑채를 고치는 것. 며칠씩 쉬어 가고 싶어 하는 지인들이 있다. 멀리서 찾아오는 그들이 편히 묵어갈 수 있었으면 한다. 도시에서 파는 것보다 질 좋은 농산물을 키우고 싶다. 돌아갈 때 선물처럼 한 보따리씩 싱싱한 농산물을 안고 돌아가면 좋겠다. 우리 집에 오는 누구라도.

농사일이 줄어드는 여름과 겨울에는 여행 가고 싶다. 트래킹하고 싶다. 국내든 해외든 체력과 여건이 닿는 대로 여행하며 살고 싶다. 나이가 좀 더 들면 살림도 꼭 필요한 것만 남겨두고 정리할 계획이다. 언제든 떠날 수 있게. 그러려면 체력 관리는 필수겠지?

아침마다 영어 공부한다. 그 자체로 재밌지만 여행 갔을 때 소통될 만큼 실력이 늘면 좋겠다. 글쓰기는 또 다른 즐거움이다. 집 주변 여분의 땅에 황토방을 짓고 싶었다. 때로는 며칠씩 책만 읽으며 뒹굴뒹굴 혼자만의 시간을 보내고픈 젊은 날의 꿈이 있었다. 그 꿈이 이루어질지는 모르겠다. 우선은 사랑채만이라도 고칠 수 있으면 좋겠다.

EBS 프로그램 '숲이 그린 집'을 즐겨본다. 내가 바라는 삶의 모습과 닮았다. 자연 속에서 자신이 주도 하는 대로 살고 있었다. 여백 있는 삶이다.

월간 불교 포교지 '맑은소리 맑은 나라'를 받아 본다. 저장해 둔 것도 아닌 데 문득문득 떠오르는 글귀가 있다. 티베트의 어느 산비탈에 앉아 졸고 있는 스님에게 기자가 물었다.

"스님은 행복하십니까?"

"기자 양반은 행복이 무어라고 생각하오? 아무 일도 일어나지 않아 심심하고 밋밋한 날들이오. 여기서 햇볕을 쬐며 졸고 있는 이 일상이 내게는 행복이오만."

아무 일도 일어나지 않는 무료한 일상. 그렇다. 지루하고 따분할 수 있는 날들이 주는 평화로움이 문득 내게도 소중했다. 바로 여기 지금이다.

05

눈부실 나의 노년, 지금이 정말 좋다

문인숙

 젊을 때는 환갑 줄의 나이가 되면 지혜롭고 마음이 하늘처럼 넓어질 줄 알았다. 누구에게 무슨 말을 들어도 화나지 않고 세상을 다 이해하며 다들 그렇게 사는 줄 알았다. 나이가 든다고 저절로 주어지는 건 없는 것 같다. 스스로 하루하루 쌓아 가며 삶의 방향과 가치를 만들어 가야 한다. 꿋꿋하게 견뎌온 지난 시간과 일상의 조각을 모아서 노년을 가꾸어 가야지 생각한다.

 나는 32년 차 직장인, 결혼생활 26년째다. 아이들도 이제 모두 성인이 되었다. 그동안 일하는 엄마로, 아내로 열심히 살았다. 욕심 많고 열정 가득했던 젊은 날을 기억하며 젊은 시절의 나를 깨우는 중이다.

 위대한 철학자 쇼펜하우어는 이런 말을 남겼다. '가장 좋은 것은 늘 나에게 먼저 줘라. 행복이 거기서부터 온다.'라고. 이제부터는 나를 위해 진정 내가 원하는 삶을 살아갈 것이다.

나는 어린 시절부터 하고 싶은 일이 너무 많았다. 원수 같은 그러나 사랑하는 영어 정복이 그중 한 가지다. 중학생 때부터 영어를 좋아했다. 할아버지 영어 선생님의 발음과 달리 카세트테이프에서 나오는 유창한 발음이 좋았다.『정철 중학 영어』카세트테이프를 가지고 싶었다. 몇 번이나 엄마를 졸라 겨우 돈을 받았다. 읍내에 갈 수 있는 유일한 버스, 빨간 버스를 타고 남창서점으로 갔다. 영어 선생님이 가지고 있던 카세트테이프와 같은 것을 샀다. 테이프가 늘어나도록 들었다. 그때부터 회화 테이프를 사 모았다. 팝송 영어가 유행할 때는『오성식의 팝스 잉글리시』교재를 사서 새벽부터 팝송을 따라 불렀다.

직장인 10년 차가 되었을 때다. 영어 공부를 하러 갈 기회가 생겼다. 연수원에서 4주간 합숙하며 원어민에게 영어 교육을 받았다. 공부가 재미있었다. 남편에게 워크맨을 사다 달라고 부탁했다. 며칠이 지난 후 쏘니 워크맨을 사줬다. 그렇게 워크맨이 있어야 공부가 되는 것처럼 개수를 늘렸고 그걸 사지 못해 공부가 안 되는 것처럼 안달했다.

그때의 나를 뒤돌아보면 책을 사고 워크맨을 사는 것으로 영어 공부에 대한 열정을 대신한 것 같다. 젊다는 생각에 바쁠 것도 인내할 것도 없는 시간을 보냈다. 치열함도 간절함도 없었다. 언젠가 마음만 먹으면 기회가 다시 올 거라 생각했다. 그래서인지 투자한 시간만큼 나의 영어 실력은 늘지 않았다. 이제는 시간이 아깝다. 그래서 50대가 되어서 시작한 새벽 영어 공부는 4년째 놓지 않고 매일 아침을 깨우는 중이다. 오늘도 아침 6시 줌 ZOOM을 켜며 '굿모닝'을 외친다.

젊은 시절에 가고 싶었던 외국 유학도 가보고 싶다. 40대 중반의 어느 날 직장 생활에 지쳐 있던 나는 용하다는 무슨 보살이라는 곳에 사주를 보러 갔었다. 첫마디가 '그때 유학 왜 안 갔어?'이었다. 직장 생활 초반에 다 접어놓고 유학 갈까 심각하게 고민한 적이 있었다. '그런 것도 나오는구나.' 생각하고 지나친 기억이 있다. 나의 간절함이 어딘 가에 남아 있나 보다. 아직은 구체적인 계획을 세우지는 않았다. 퇴직 후에도 끊임없는 배움의 시간을 외국의 어느 대학교에 하고 있을 것이다.

언젠가 하고 싶었던 보디 프로필 찍기에 도전 중이다. 지금까지는 운동을 챙겨서 못 했다. 운동보다는 늘 다른 일에 더 우선순위를 갖고 살았다. 건강한 줄 알았던 몸 여기저기서 통증이 느껴진다. 건강을 위해 더 미룰 수 없어 작년부터 헬스장 등록을 했다. 혼자 하는 운동에 게으름이 났다. 함께 할 시스템이 필요했다. SNS를 통해 알게 된 '복근사관학교'에 등록했다. 땀복을 입고 땀을 흘리며 하루 운동량을 채운다. 스쾃 500개, 리버스 크런치 500개, 곧 복근이 나오겠다. 힘들지만 건강한 노년을 위해 이 정도 노력은 당연하다. 병원에서 헬스트레이너를 하는 90대의 일본 할머니가 부러웠다. 은발을 흩날리며 런웨이를 걷는 작은 키의 실버 모델도 멋있었다. 등과 허리를 꼿꼿이 펴고 자신감 넘치게 워킹하는 내 모습을 상상해 본다. 물론 복근이 새겨진 배가 살짝 나오는 옷을 입고 말이다. 빙긋 웃음이 난다.

세계 곳곳을 누비며 마음 닿는 곳에는 정착하여 살 계획이다. 몇 년 전에 다녀왔던 부르고뉴의 포도밭에도 갈 것이다. 이른 아침 포도밭 가득한 마을을 거닐고 있는 나를 상상해 본다. 골목 가득 예쁜 꽃들로 장식되어 있던 거리를 지나 포도가 영글어 가던 포도밭에 내가 있다. 낮은 담장 너머 잘 가꾼 정원을 보며 와인 산업으로 부자로 사는 그들의 농업도 배워야겠다. 누군가의 까브에서 와인 테이스팅을 하는 내 모습도 보인다. 현지인처럼 3시간씩 식사를 하며 달달한 디저트에 마음도 빼앗기고 싶다. 봄이면 프로방스의 라벤더 향에도 취해보고 싶다. 버킷리스트에 있는 산티아고 순례길 걷기, 토스카나에 있는 영화 막시무스의 집, 그리고 사이프러스 나무가 심겨 있는 길을 걸어 드넓은 평원을 지나 그들의 삶을 만나고 싶다. 돌로미티의 산악 호수와 산장에도 머물며 가을도 보고 싶다. 어느 여행 칼럼에서 읽었던 '이걸 보기 위해 여태 살았구나.' 라는 말이 나온다는 산타 막달레나 마을의 숨이 멎을 것 같은 풍경도 기다려진다. 또 스페인의 옛 도시들 톨레도, 론다 등. 북극의 빙하는 그때는 어떤 모습일지 곰들은 잘살고 있는지 궁금하다. 현지 사람처럼 살며 그들과 삶을 함께 누릴 상상들이 행복하다.

어린 시절부터 장래 희망을 언제나 선생님이라고 썼다. 지금은 다른 일을 하고 있지만 아이들을 위하고 세상을 더 나은 곳으로 만드는 일에 관심이 많았다. 주위에 보면 자신이 가진 재능을 아낌없이 나누며 사는 사람이 많다. 나도 내가 가진 것을 기꺼이 나누는 인생의 선생이 되고자 한다.

아프리카에 우물을 파고 학교를 세우고 싶은 꿈도 갖고 있었다. 몇십 리 길을 걸어 물을 길어 오던 그 아이들에게 희망을 주고 싶었다. 무엇부터 해야 하나 고민하며 세계 구호 단체에 후원하고 있다. 아직은 부족하지만 계속 기부하고 나누며 살아야지 다짐한다. 그동안 나를 있게 해준 사회에 대한 봉사 활동도 놓치지 않고 챙기겠다.

나의 좌우명은 일체유심조(一切有心造)이다. 세상의 모든 일이 마음 먹기에 따라 할 수도 있고 또 실패할 수도 있다. 늘 하고자 했고 미루지 않는 적극성이 지금의 나를 만들었고 앞으로도 그렇게 할 것이다. 결정한 일에 대해 내가 할 수 있을까 라는 생각은 하지 않는다. 내가 그 길을 가고자 한다. 그리고 갈 것이다. '나도 저렇게 나이 들어가고 싶다.' 선망의 대상이 되는 멋진 어른들이 주위에 많다. 나이가 들수록 더 우아한 기품과 향기를 품어낼 수 있는 어른으로 살아야지.

여기까지 살아오며 실수도 잦았다. 수많은 포기와 다시 일어설 용기들이 지금의 나를 만들었다. 어떤 상황이 오더라도 더 나답게 나누며 사랑하며 남은 삶을 그려가야겠다. 10년 후의 내가 기대되는 시간이다. 맘껏 웃고 사랑하고 즐겨야지.

Life is wonderful.

06

나의 삶의 주인공은 나

박미경

"언니, 앞으로 살아가면서 우리 책도 읽고 글도 써요."

선뜻 대답을 못했다. '내가 글을?' 웃음부터 나온다. 글 쓴다는 것은 나랑은 상관없는 먼 나라 얘기였다. 독서도 하지 않았다. 내 손으로 책 사 본 적도 거의 없다. 어쩌다가 선물로 받은 책도 잠시 읽는 척하고 끝까지 읽지 않았다. 표지가 예쁜 책들은 거실 책장에서 인테리어 역할을 잘하고 있을 뿐이다.

글도 오래 보기가 어렵다. 지금도 하는 일 많아 바쁘다. 이런 나를 끌고 가려면 힘들 거다. 이런저런 핑계를 대고 안 하려고 했다. 정원희 작가는 자기 걱정은 말라고 한다. 핑계가 안 통한다. '피할 수 없으면 즐겨라.' 내가 남들에게 쉽게 하던 말이다.

"한번 따라가 보자. 우리가 언제 또 이런 걸 해 보겠냐?"

옆에 있던 혜숙 언니가 갑자기 같이해 보잔다. 그날 아침까지도 못한다고 손사래를 하던 언니다. 그저 웃는다. 둘이 손을 부여잡고 'You go We go'를 외친다. 힘들어도 좋아하는 사람과 함께 한다면 힘이 난다. 이것저것 물어보았다. 그냥 쓰면 된단다.

"언니, 말 재미있게 하잖아요. 말하듯이 쓰면 돼요."

점점 머리가 복잡해진다. '괜히 한다고 했나?' 살짝 후회 중인데 앞으로 '박미경 작가님'도 된단다. 부끄러웠지만 조금 멋지게 들린다. 작가가 되려면 책을 많이 읽어야 쓰는 법도 알 수 있다. 하루에 10분 책 읽기를 실천 중이다. 습관을 만들어 보기로 했다. 글쓰기 수업도 빼먹지 않고 참여 중이다. 올해는 책도 읽고, 글 쓰는 여자도 한번 되어보자고 마음먹었다.

돋보기 끼고 글 쓰고 있는 나를 보며 남편이 지나가며 한마디 한다.

"좀 멋지네"

괜히 어깨가 으쓱해진다. 옆에 있던 장남이 두 손으로 '엄지척' 해 준다.

요즘은 즐거운 학교생활을 하는 기분이다. 1교시는 영어 회화 시간이다. 매일 아침 6시에 줌으로 영어 수업을 한다. 2교시는 체육이다. 20년째 매일 아침 테니스를 치고 있다. 3교시는 음악 시간이다. 일주일에 한 번 절에 가서 합창한다. 4교시는 국어 시간이다. 글쓰기 수업을 듣고 책을 읽는다. 가장 좋아하는 시간은 방과 후 수업이다. '동양화 감상하기'다. 나의 최애 수업이다. 모든 걸 즐겁게 연마할 것이다.

일본과 사업을 하던 아버지 덕분에 어린 시절부터 외국에 대한 이야기를 들었다. 우리나라 밖 이야기가 늘 궁금했다. 아버지 가방 안에 있던 외국 과자로 만나는 세상은 늘 새로웠다. 나는 여행을 좋아한다. 여행을 통해 만난 사람들과 함께한 추억들은 나의 삶에서 소중한 것 중 하나다.

여행을 통해 만난 사람들과 함께한 추억들은 나의 삶에서 소중한 것 중 하나다. 지금껏 많은 곳을 가보았지만, 아직도 궁금한 곳이 더 많다. 나의 버킷리스트에는 가보고 싶은 곳, 해보고 싶은 것 등 여전히 많은 것이 남아 있다.

작은 녀석이 살고 있는 캐나다도 가야 한다. 대학 친구 소영이는 뉴질랜드에서 나를 기다린다. 피아노 애제자 세준이가 운영하는 스페인에 있는 식당도 가보고 싶다. 몸이 두 개라도 모자란다.

내년에는 스님과 절 도반들과 함께 인도에 가기로 했다. 인도는 지금까지의 여행과는 조금 다를 것 같다. 힘들지도 모른다. 그저 즐기는 여행은 아닐 것이다. 절에서 기도하며 보내는 시간이 대부분이라 했다. 다녀온 사람의 말로는 음식도 안 맞아 고행했다 한다. 새로운 세계를 만나는 기회가 될 듯하다.

'노세 노세 젊어서 놀아'라는 노래도 있다. '하하.' 남편 눈치는 많이 보이지만 어쩔 수 없다. 모든 건 다 때가 있으니. 70이 넘어서도 나의 무릎이 버텨만 준다면, 세상에 낯선 곳으로 여행 다니는 나를 상상해 본다. 행복하다. 그곳에 앉아 책 퍼들고 잘난 척도 해보고 싶다.

매일 아침 테니스를 친 지 20년째다. 운동은 폼생폼사이다. 테니스에 입문한 테린이 6명의 코치 겸 감독 생활을 한다. 그중에 66세 왕언니도 있다. 제법 폼이 난다. 가르친 보람이 있다. 클럽 회원들이 게임 하는 모습을 보며 "이제는 테린이가 아닌데요."라고 말해준다. 감독님 덕분이란다. 뿌듯하다. 운동하며 지내는 하루가 참 빠르다. '이렇게 살아가며 세월 보내는 것이 얼마나 큰 행복인가.' 운동하면서 많이 웃게 된다. 매일 보약 먹는 거다. 아무것도 하지 않고 건강 걱정만 하지 말고, 매일 운동하고, 사람들 만나 함께 시간을 보내자. 나이 탓하지 않는다. 하고 싶은 것, 할 수 있는 만큼 하며 지낸다.

내가 살아온 소중한 시간이 쌓여서 지금의 내가 되었다. 엄마가 60이 되었을 때 '60대는 60km로 달린다'라고 했다. 그만큼 빠르다. 오늘이 제일 젊은 날이다. 하루하루를 낭비 말고 살아야 한다고 이야기했다. 지금은 너무 와닿는 말이다. 엄마 말에 대답하던 내가 어느새 자식들에게 해 주는 나이가 되었다. 지금 30km로 달리는 아이들이 이해할 수 있을까?

생각해 보면 그때 엄마도 자신에게 한 말일 거다. 멋지게 달려야 된다고. 나는 잘 달리고 있는 걸까?. 매일 나에게 질문을 던진다.

백세시대이다. 웃어야 할지 울어야 할지 모르겠지만 결국 그렇게 살게 될 것이다. 나중에 만나게 될 손자 손녀에게 '똑똑한 할머니'가 되고 싶다. 머리도 쓰고 몸도 가만히 두면 안 된다. 힘들지만 신문물을 배워 나가야 한다.

오늘도 즐겁게 배우며 내 삶의 주인공으로 하루하루를 살아가고 있다.

07

진정한 나를 찾아 떠나는 여행

복기령

　홍콩 대학교에 다니고 있는 딸이 마지막 시험을 끝내고 집에 오는 날이다. 아침부터 분주했다. 홍콩에서 지내다가 오랜만에 한국의 겨울을 만나면 추울 것이기에 코트, 장갑, 목도리를 챙겼다. 설레는 마음으로 딸 공항 마중을 나갔다. 비행기 도착시간보다 30분가량 먼저 왔다. 주차장은 자동차들로 꽉 차 있었다. 몇 바퀴를 돌고 돌아 자동차 한 대가 빠지는 곳에 겨우 주차했다. 주차하고 나서 편의점에 들러 핫 팩을 샀다. 핫 팩이 따뜻하게 될 때쯤 비행기가 도착했다는 사인이 전광판에 표시되었다. 입국장 문을 뚫어져라 보고 있었다. 문이 스무 번도 넘게 열리고 닫혔다. 멀리서 손을 흔드는 딸이 보였다. 우리는 서로 부둥켜 안았다. 가지고 간 옷을 입히고 목도리를 둘러 주었다. 김해공항에서 창원으로 가는 내내 그 간의 이야기를 들려줬다. 시험 기간 동안 잠을 두 시간밖에 못 잔 얘기며 지금 하는 공부들, 체력을 기르기 위해 수영을 배웠다는 얘기 등을 했다. 딸은 내가 생각하는 그 이상으로 열심히 살고 있었다.

어느새 훌쩍 커버린 아들이 군대에 가는 날이 왔다. 훈련소는 강원도 화천 최전방이었다. 입영식 전날 기차를 타고 강원도로 향했다. 짧게 깎은 머리에 작은 손을 보니 마음이 울컥했다. 그날 밤부터 눈이 내렸다. 아침에 일어나 창문을 열어보니 눈이 많이 쌓여 있었다. 여전히 눈은 계속 내리고 있었다. 아들 휴대폰에 신병 교육대에서 문자가 왔다. 폭설로 인해 입영식이 취소됐다고 한다. 아들만 입구에 내려주고 부모님은 곧바로 돌아가야 한다는 문자였다. 아침을 간단히 먹고 시외버스를 탔다. 화천 터미널에서 신병교육대까지는 택시로 15분 정도만 가면 되는 거리였다. 화천 터미널에 일찍 도착해 아들과 카페에 잠시 들렀다. 카페에는 다른 가족들이 앉아 있었다. 할아버지 할머니 부모님과 함께 마주 앉아 있는 모습을 보니 아들한테 미안한 마음이 들었다. 하지만 아들은 씩씩한 모습을 보였다. 오히려 멀리서 온 엄마를 걱정해 주었다.

어느새 시간이 다 되어 우리는 택시를 탔다. 택시 아저씨는 입영식에 간다는 것을 금방 알아봤다. 아저씨는 옛날에 군대에 갔다 온 경험담을 들려주었다. 아들이 불안하지 않게 많은 궁금한 것들을 친절하게 얘기해 주었다. 입영소 입구에 가까워지자 떨리기 시작했다. 아들과 마지막으로 짧게 인사를 했다. 아들은 씩씩하게 택시에서 내렸다. 걸어가는 뒷모습을 보니 마음이 또 울컥했다. 택시 안에서 멀어져가는 아들을 끝까지 바라봤다. 택시 아저씨는 최대한 천천히 운전을 해주었다. 어느새 아들의 모습이 보이지 않았다. 돌아오는 버스 안에서 내내 창밖을 보며 아들 생각을 했다. 아들한테 문자를 보냈다. 그제야 눈물이 왈칵 쏟아졌다. 못 해준 것들만 생각났다.

딸이 홍콩으로 돌아가고 아들을 군대에 보내고 나니 마음이 울적했다. 집안 정리를 하는데 아이들을 키울 때 따낸 자격증들이 보였다. 아동심리 상담사, 청소년 심리 상담사, 한식 조리사 자격증, 공인중개사 자격증 등 여러 가지 자격증이 박스에 담겨 있었다.

그중 공인중개사 자격증은 딸과 아들이 국제 중학교에 다닐 때 어렵게 따낸 자격증이었다. 아이들을 학교에 보내고 아침 아홉 시에 시작된 온라인 강의를 네 시간 정도 들었다. 그러고 나서 밤 열두 시까지 도서관에서 공부했다. 이런 날을 매일 반복했다. 8개월밖에 남지 않은 동안 여섯 과목의 성적을 올려야 했다. 바늘로 허벅지를 찔러가며 공부한다는 말이 이런 거구나 했다. 나는 볼펜으로 허벅지를 찌르며 공부했다. 목 디스크까지 왔다. 약을 먹어가며 공부했다. 한 번 시작한 공부 끝까지 해보자는 마음으로 했다. 나 자신과의 싸움이었다. 좀처럼 오르지 않던 점수가 시험 한 달을 앞두고 점수가 오르기 시작했다.

드디어 시험을 보게 됐다. 민법이 가장 어려웠다. 시간 안에 모든 문제를 다 풀고 후회 없이 돌아왔다. 시험이 끝나서 후련했다. 정답을 맞춰보진 않았다. 시험 결과 발표 날 휴대폰에 문자가 왔다. 합격했다는 문자였다. 기쁨을 말로 표현할 수가 없었다. 이 시험을 통해 사법고시에 합격한 분들이 존경스러웠다. 어려운 법 공부를 어떻게 해냈을까?

그 뒤로 부동산 일을 시작했다. 공인중개사 일은 적성에 맞았다. 새로 국제학교에 입학하는 학생들과 학부모님들의 집을 소개하는 일이 재밌었다. 먼저 입학한 학부모로서 여러 가지 상담도 해 주면서 신뢰를 쌓았다. 이 일은 딸이 고등학교를 졸업할 때까지 3년간 이어졌다. 나름 아이들을 키우면서 열심히 살았다. 지난 세월을 돌아보면 모든 것이 드라마였고 나를 시험하는 삶이었던 것 같다.

용기 잃지 않고 버텨온 데에는 아이들이 있었고 남편이 있었고 가족들이 있었기에 버틸 수 있었던 것 같다. 부족하기만 했던 딸로서, 아내로서, 아이들 엄마로서 살아온 날들에 아쉬운 부분도 많지만 그래도 여기까지 잘 인내해 준 나에게 그동안 고생 많았다고 말해 주고 싶다.

"여기까지 참 잘 와줘서 고맙다."

'카르페 디엠(Carpe Diem). 오늘을 즐겨라. 너희만의 독특한 삶을 살아라.' 독서계와 영화계의 스터디 셀러로 자리 잡은 참교육 이야기 '죽은 시인의 사회'에 나오는 말이다. 나만의 소소한 행복을 찾아 현재를 즐기며 살기로 했다. 단 한 번밖에 없는 짧은 인생 그 소중한 시간을 원치 않는 일에 허비하며 살지 않기로 했다. 버킷리스트를 작성해 보았다. 오래전부터 버킷리스트였던 피아노와 첼로 배우기, 사진작가, 글 쓰는 작가, 태어난 김에 세계 여행하기 등 버킷리스트를 작성하면서 내내 설레었다.

얼마 전 푸켓 여행을 함께 한 룸메이트 언니를 통해 피아노 교수님을 소개받았다. 그 교수님은 밝고 긍정적인 에너지가 넘치는 분이었다. 주위 사람들에게 행복의 바이러스를 선사해 주는 분 같았다. 오래전부터 버킷리스트였던 피아노를 배우기로 했다. 'Amazing Grace' 곡을 배웠다. 곧 있을 연주회 곡이라 했다. 연주회는 학원에서 3개월에 한 번씩 학원생들과 지인 분들을 모시고 소소하게 열리는 연주회다. 배운 지 세 번 만에 연주를 한다는 것은 무리였다. 그래도 할 수 있다는 용기를 주었다.

드디어 연주회가 있는 날 떨리는 마음으로 참여했다. 연주회는 다양한 조명과 함께 피아노, 색소폰, 전자 기타, 보컬, 플루트 등 각자가 배운 실력을 뽐내기 시작했다. 잘 하든 못 하든 한 사람 한 사람 연주를 할 때마다 행복한 웃음과 감동의 눈물이 이어졌다. 나도 피아노 연주를 무사히 해냈다. 시간이 갈수록 춤과 노래, 악기는 하나가 되었다.

나의 또 다른 버킷리스트는 사진작가 되기다. 작년에 기초반을 마치고 심화반에서 사진 수업을 받고 있다. 추운 날씨 속에 고창 동림지 가창오리 군무를 촬영하러 갔다. 심화반 회장님이 사 준 찐빵과 만두를 차 안에서 먹어가며 갔다. 한참을 달려 전북 고창군에 있는 동림지에 도착했다. 가창오리들이 저 멀리서 무리 지어 놀고 있었다. 많은 사람들이 카메라를 들고 서 있는 모습들도 보였다. 차에서 내려 사람들이 모여 있는 곳으로 갔다. 오리들이 무리

지어 날아오르기만을 손꼽아 기다렸다. 한참 동안 기다려도 오리들은 날아오르지 않았다. 어느새 해도 자취를 조금씩 감추기 시작했다. 예쁜 일몰을 찍으면서 기다렸다. 마음속으로 간절히 기도를 했다. 잠시 후 기도가 이루어졌다. 수십만 마리는 되어 보이는 오리들이 예술 작품을 만들며 우리 곁으로 날아올랐다. 여기저기서 카메라 셔터 음이 들렸다. 오리 군무들이 예술 작품을 만들 때마다 여기저기서 "와와" 환호성을 질렀다. 황홀함 그 자체였다. 가창오리 군무를 처음 촬영하러 와서 이런 광경을 보다니 천운이 따른 것 같았다. 우리 교수님은 십 년 만에 두 번째 이런 광경을 보는 거라 했다. 너무 멋진 모습에 매료되어 넋을 잃고 바라봤다. 내 생에 영원히 잊지 못할 황홀한 기억이다. 누군가에게 감동을 줄 수 있는 멋진 삶을 살아야겠다는 생각이 들었다. 가창오리 군무들 작품처럼 나의 삶도 예술 작품을 하나하나 만들고 싶다. 한참 동안 붉게 물든 하늘을 바라봤다.

'그 어떤 것도 소중하지 않은 것은 단 한 가지도 없다'라는 생각이 들었다.

삶은 우리에게 더 나은 것을 준비하고 있다. 행복해지고 싶다면 새로운 것에 도전해 보자. 가슴 뛰는 삶을 살아보자. 우리의 미래를 다양한 예술 작품으로 만들어 보자. 그러다 보면 언젠가는 더욱 빛나는 삶으로 채워져 있을 것이다.

08

홀로서기 중입니다

신혜숙

매일 아침 일곱 시에 알람이 울린다. 하루의 일과를 생각하며 잠시 모닝 멍을 즐긴다. 작년까지만 해도 아침 일찍 일어나는 건 너무나 힘들었다. 자려고 누워도 잠이 오지 않는다. 눈을 감고 몇 시간을 뒤척인다. 꼬박 밤을 새우고 날 밝을 때쯤 앞 동 경비아저씨의 마당 쓰는 소리가 들린다. '쓱 쓱' 오늘도 못 잤다. 머리가 아프다. 가슴이 뛰고 뭔지 모를 불안이 밀려온다. 심각한 불면증이다. 매일 밤 양을 몇백 마리씩 세어본다. 잠이 잘 온다는 수면 음악도 듣는다. 배우 김태리가 읽어 주는 리커버북을 듣고 또 듣는다. '모두 잠들었길 바라요' 배우의 마지막 대사다. 나는 자야 하는 밤이 싫다.

남편을 떠나보낸 후의 시간이 힘들었다.

"속에 담아두지 말고 표현을 해!"
"화가 나면 소리도 지르고 욕도 시원하게 해봐"

옆에서 지켜보는 친구들이 안타까워 한 소리 한다. 나도 정말 행복해지고 싶다. 나는 공황 장애의 분리불안장애로 불면증이 생겼다. 난생처음 정신의학과를 소개받고 치료해야 했다. "하루하루가 너무 힘들어요. 잠 좀 자게 해주세요." 전문의와 상담하는 동안 계속 눈물이 났다. 아침저녁으로 항우울제와 안정제를 처방받았다. 1주일에 한 번 병원에 가야 했다. 조금씩 상태가 좋아졌다. 요즈음은 한 달에 한 번만 간다. 남편을 떠나보낸 지 7년이 지났다. 나의 뇌에 비타민을 준다고 생각하며 지금도 약을 먹고 있다. '다 잘될 거야.' 나 자신을 매일 다독이며 생활하고 있다.

어느 날 문득 거울을 보았다. 거울 속의 나는 아무 표정이 없는 무미건조한 얼굴이었다. 참 볼품도 없고 초라해 보였다. '왜 이렇게 살지?' 나 자신을 내팽개치고 지냈다. 하루하루가 어제와 똑같은 일상이다. 후줄근한 내 모습이 보기 싫었다. 이제는 기운을 내고 나를 가꿔야겠다고 마음을 먹었다.

"친구야, 나 이제부터 멋 좀 내볼게. 좋은 옷도 사 입고 꾸며볼게."

친구들이 좋아한다. 내가 힘내기를 바라며 묵묵히 곁에 있어 주었다. 항상 나를 응원한다. 나는 평소에 좋아하던 브랜드 매장에 가서 이 옷 저 옷을 입어 봤다. 나에게 잘 어울렸다. 사장님도 자기 집 옷이 잘 맞는다고 좋아한다. 자주 가다 보니 사장님과 좋은 친구가 되었다. 매장에 새 상품이 들어왔다고 하면 입어 보러 간다. 행사가 있으면 아르바이트도 한다. 처음 해보는 일이다. 하루 종일 서 있으니, 다리가 너무 아프다. 몸은 힘들지만, 고객에게 코디해 주고 판매하는 일이 재미있다. 옷에 대한 안목도 생기고 어울리는 옷맵시도 머릿속에 그려진다. 덕분에 옷 부자가 되었다. 주변 친구들이 결혼식에 입고 갈 마땅한 옷이 없다고 하면 여러 벌 빌려준다. 외출할 때도 어떤 옷을 입을까 걱정이 없다. 멋이라고는 하나도 모르던 나의 큰 변화다. 지금까지 살면서 나 자신에게 한 번도 투자를 못 했다. 나이가 들수록 가꾸어야 한다고 생각한다. 단정하고 깔끔하게 생활하려고 노력한다.

예순셋에 테니스에 입문했다. 코트에 나가면 네 게임씩 한다. 무리였는지 팔에 엘보도 오고 무릎도 아프다. 특히 앉고 일어서기가 힘들다. 병원 가서 검사하니 퇴행성관절염 2기라고 한다. 친구들은 테니스가 무리라고 걱정들을 한다. 그래도 테니스 치는 것이 즐겁다. 꿈속에서도 '아웃이야? 인이야?'를 외친다. 불면증도 나아지고 있다. 햇볕에 까무잡잡하게 탄 얼굴도 생기 있어 보인다. 나이만 생각하고 망설였다면 이런 즐거움을 모르고 살았을 것이다. 언제까지 라켓을 잡을 수 있을지는 모르지만, 운동할 수 있는 날까지 즐기며 지낼 것이다.

오늘도 아침 운동 나갈 준비를 한다. 미네랄 주스 한 통 만들고 검정 바지에 흰 티셔츠를 입었다. 분홍 조끼에 흰 모자를 쓴다. 폼은 최고의 프로다. 나의 별명은 '신 프로님'이 되었다.

요즘 아침마다 줌으로 30분씩 영어를 한다. 외국에서 생활하고 있는 큰아이가 혹시 외국인 신랑감을 데리고 올 수도 있다는 생각에 영어를 공부하게 되었다. 일상적인 소통은 해야 할 것 같다. 아직 유치원생 수준이다. 수업 전에 예습도 한다. 핸드폰에 녹음해서 잠들기 전까지 듣는다. 자신감이 붙고 있다.

이제 더 큰 꿈을 가지게 되었다. 영어로 자유롭게 대화가 되면 혼자 여행하는 꿈을 도전해 본다. 올해 12월에는 지중해 작은 섬나라 몰타에서 한달살이 시니어 어학연수에 간다. 나만의 해변에서 바닷소리 들으며 책을 읽고 있는 나를 상상한다. 생각만 해도 즐겁다.

나이는 새로운 도전을 하는 데 걸림돌이 될 수 없다. 나이를 이유로 망설이지 말고 무엇이든 하고 싶은 것을 도전해 볼 것이다. 시작 없이는 아무런 변화가 없다. 성장도 없다. '다음에 해야지' 아니다. 뭐든지 마음먹었으면 시작하기 좋은 때는 오늘 지금이다. 지난 날, 항상 말만 하고 생각만 하다가 많은 것을 놓쳤다.

나의 또 다른 변화는 책 읽기와 글쓰기다. 글재주가 없어서 망설였지만, 용기를 냈다. 관심을 가지니 주변의 사물들이 모두 글감들이다. 읽고 싶은 책들이 많아졌다. 거실 한가운데 큰 원목 책상을 갖다 놓았다. 제법 글 쓰는 분위기가 만들어졌다. 요즘 대부분의 시간을 여기서 보낸다. 책상 위에 노트북 태블릿 메모 수첩 돋보기 안경 책들이 쌓여 있다. 좋은 글들을 찾아서 읽고 메모도 한다. 재미있는 글을 읽으면 혼자 마구 웃는다. 이 시간을 즐기고 있는 나의 모습에 박수를 보내고 싶다. '와 우리 엄마가 달라졌어요.' 아이들이 노트북과 태블릿을 사 다 주며 응원한다. 재미있는 글 많이 쓰라고 한다. 좋은 모습으로 살아가는 것이 아이들에게 줄 수 있는 최고의 선물이다. 누군가가 언제가 봄날이었냐고 물으면 나는 망설임 없이 '지금'이라고 말한다. 인생 2막을 살고 있다.

지난날 힘든 시간을 보낼 때 주변 친구들로부터 많은 위로와 격려를 받았다. 자고 일어나 보면 냉장고에 반찬들이 가득했다. 우렁각시가 왔다 갔다. 매일 찾아와 챙겨주었다. 너무나 고마운 사람들이다. 그러나 그 누구도 실제로 나를 일으켜 줄 수는 없었다. 나를 다시 설 수 있게 하는 것은 오직 나 자신뿐이다. 나는 내가 만드는 것이다. 요즘 스스로 나의 칭찬거리를 만들면서 살아가려고 노력한다. 행복은 자신에게 만족하고, 나 자신에게 잘해주는 사람에게 온다.

오늘도 홀로서기를 위해 파이팅을 외친다.

09

명품이 필요 없어, 내 삶이 명품이야

정도영

 교직 생활 33년, 2016년 2월 말, 정년을 7년 남겨두고 명예퇴직을 했다. 나 자신에게 질문을 던졌다. 왜 했을까? 대답은 더 이상 버틸 힘이 없어서였다. 퇴직한다고 하니 모든 사람이 말렸다. 깊은 수렁 속으로 떨어진 나에게 퇴직은 희망이자 휴식이었다. 10년 동안 큰일들을 너무 많이 겪었다. 아이들 입시, 남편과 시어머니 병간호. 남편이 세상을 떠나고 심신이 너무 지쳐 있었다. 황폐해진 몸과 마음은 텅 빈 겨울 밭에 남겨진 빈 옥수숫대 같았다. 바람이 불면 바스락거리다가 누군가가 만지면 그대로 부서져 버릴 것 같았다. 우울증이 왔다. 작은애가 병원에 가자고 했지만 거절했다. 내 자존심이 허락지 않았다. 요가와 다도 명상을 공부했는데 자기 마음 하나 못 추슬러서야 되겠는가!

 또 다른 이유는 잠깐 소풍처럼 이 세상에 왔는데 하고 싶은 일은 해보고 죽어야 하지 않겠는가 생각 때문이었다. 웰빙해야 웰다

잉을 할 수 있다. 후회 없이 죽기 위해서 나는 지금 나를 위한 시간을 투자해야 했다.

2014년 한 해에 내가 제일 좋아하는 후배랑 남편이 하늘나라로 갔다. 몇 년 사이에 절친 부부와 선배 부부 네 명 모두 암으로 세상을 떠났다. 미혼의 아이들만 남겨놓고 갔다. 나도 그들처럼 될 수도 있다는 생각이 들었다. 우리가 할 수 있는 일이라고는 아무것도 없었다. 그저 좋은 곳으로 가라고 빌어줄 뿐이었다. 나에게도 얼마큼의 시간이 남아 있을지 아무도 모른다. 내가 원하는 삶을 한번 살아보고 싶었다. 그때부터 마음속으로 늘 외쳤다. '뭐가 중한데? 내가 제일 소중해! 이 우주는 나를 위해 존재하는 것이야. 그 중심은 나야. 내가 없다면 이 우주도 없는 거야.' 그렇게 생각하니 자존감이 높아지고 용기가 생겼다.

퇴직 후 진정한 나의 삶이 시작되었다. 나는 여행을 좋아한다. 친한 후배와 2016년 5월 북인도의 다즐링, 칸첸충가를 다녀왔다. 고산지대를 천천히 명상하며 걸었다. 가슴 깊은 곳에서 진정한 행복이 솟았다. 8월엔 북미와 캐나다, 호주, 중국 등을 여행했다. 2017년 2월부터 5월 말까지 97일간 꿈꾸던 남미 9개국 자유 여행을 다녀왔다. 2018년에는 그 멤버 일부랑 아프리카 38일 여행을 하며 킬리만자로 등반도 했다. 새로운 자연을 보며 환희심에 탄성을 질렀다. 삶의 모습이 다른 그들을 보며 깊은 동정을 느꼈다. 말로 다 표현할 수 없는 감동을 하였다. 내 삶에서 이 여행들은 정말 소중하고 아름다운 추억의 보물창고다. 2020년 코로나 팬데믹이 왔다. 하늘길이 막혔다. 추억 창고에 넣어두었던 그 보물을 하나씩 꺼내 보았다. 무척 행복했다.

2009년 시조 시인으로 등단했다. 그리고 14년 후 2023년 11월, 첫 시조집 「장미 주소로 오세요」를 출판했다. 힘든 삶의 넋두리를 쏟아냈다. 출판기념회에 많은 사람이 참석해서 축하해 주었다. "그동안 잘 살았다."라고 격려도 아끼지 않았다. 정말 열심히 살았다. 이제는 쉬고 즐길 자격이 충분하다고 아이들에게 당당하게 말한다.

오래전부터 퇴직 후 찻집을 하고 싶다는 꿈을 꾸었다. 20여 년 전 창원대학교 평생 교육원에서 다도 수업을 받았다. 지금도 차(茶) 공부를 하고 있다. 이제는 다도 사범으로 차를 가르치고 있다. 차 생활은 내 삶의 지팡이고 에너지다. 내 노년의 윤슬이다. 살면서 가슴 떨리는 일을 한다는 건 행운일 것이다. 행사가 있으면 다식은 주로 내가 만들었다. 새벽 2시까지 다식을 만들기도 했다. 다식을 만들고 있으면 남편은 혀를 끌끌 차며 침실로 들어갔다. "잠도 안 자고 미쳤다. 누가 말리겠냐?" 나는 행복했다. 가슴이 두근거렸다. '이것이 진정 내가 좋아하는 일이구나.'

2015년 10월, 퇴직을 몇 달 앞두고 우연히 나에게 기회가 왔다. 찻집을 운영하는 건 아니지만 화윤선차회 창원차향회 운암서원 차실을 내가 맡기로 했다. 내 사랑방이 생겼다. 월례회도 하고 연잎밥을 만들어 식사도 함께 했다. 지인들과 차를 마시는 힐링공간이다. 혼자 있을 땐 따뜻한 햇살을 등지고 앉아 책을 읽었다. 남편을 보내고 힘든 시간 모든 에너지를 이곳에 쏟았다. 새벽 두 시까지 가구를 이리저리 혼자서 끌고 다니며 하룻밤에도 몇 채의 기와집을 지었다 헐기도 했다.

차와 함께한 차 스승 화윤 선생님과의 인연에도 감사한다. 힘들 때 언제나 찾아가서 기대어 쉴 수 있는 동구 밖 느티나무 같은 존재다. 아이들 진학 문제로 힘들었을 때도 찾아가서 별말 없이 밤늦게까지 둘이 차를 마셨다.

항상 내 가방 속 파우치에는 위장약, 두통약, 소화제 종합감기약, 항생제, 고혈압약 등을 상비약으로 들고 다녔다. 손발이 차고 추위를 많이 탔다. 감기는 달고 살았다. 감기약 쌍화탕을 보약처럼 먹었다. 폐경도 48세에 왔다. 40세 때부터 고혈압이었다. 혈압약을 2000년부터 16년 먹었다. 당뇨, 방광염, 위염 때문에 파티마병원의 네 개 과를 정기적으로 다니는 준종합병원의 몸이 되어있었다. 평소 위장병이 있어 속이 자주 쓰리고 아팠다. 감기약을 며칠간 먹고 나면 위염이 오거나 위경련이 일어나 응급실에 가기도 했다.

누군가 단식을 하면 위장이 아기 때처럼 리셋된다고 했다. 오랫동안 위장약을 먹은 터라 꼭 단식을 해보고 싶었다. 2016년 2월 교사 연수에서 오혜숙 생활 단식을 알게 되었다. 단식 일기를 쓰며 열심히 참여했다. 단식 전에는 녹차 한 잔만 마셔도 속이 뒤틀리며 아팠지만, 단식 후에는 많이 편해졌다. 단식이라기보다 초절식이다. 미네랄을 공급하는 니시차도 있고, 염분과 단백질을 주는 된

장차, 장미소로 최소한의 탄수화물도 먹으니 안전하고 누구나 쉽게 할 수 있는 디톡스 프로그램이다.

고혈압은 가족력이다. 언니, 조카들 모두 40대부터 혈압약을 먹고 있다. 친정엄마는 뇌졸중으로 쓰러져 69세에 돌아가셨다. 친정 식구들 모두에게 필요한 프로그램이라고 생각되어서 지사 계약을 했다. 이제 사업자가 되었다. 돈을 벌기 위한 목적이 아니라 지속적으로 내 몸을 관리하기 위해서다. 건강에 대한 확신이 생겼다. 건강관리 지도사 자격도 취득했다. 퇴직하고 차실을 운영하면서 지인들이나 손님들에게 안내하고 싶었다. 9년째 생활 단식과 식이요법을 실천하고 있다. 병원과 의사에게만 의존하지 않는 자기 주도적 건강법이다. 주변에서 놀랄 정도로 체력도 좋다. 건강하고 활기차다. 긴 해외여행에도 나를 위한 상비약은 챙기지 않아도 된다.

100세 시대이다. 퇴직 후 40년은 더 살아야 한다. 퇴직은 예정되어 있다. 많은 사람이 퇴직을 두려워한다. 아무런 준비가 없다면 무엇을 해야 할지 막막할 것이다. 현직에 있을 때 좋아하는 일을 찾아 꾸준히 한다면 퇴직 후 제2의 직업이 될 것이다. 퇴직 후에는 잘 노는 것이 잘사는 것이다. 취미는 바로 잘 노는 것이다. 그냥 노는 것이 아니라 의미 있게 노는 것이다.

첫째는 건강해야 한다. 둘째는 시간으로부터 자유, 셋째는 돈으로부터 자유로워야 한다.

나는 요리하는 것을 좋아한다. 음식과 다식을 예쁘게 차려서 지인들과 나누어 먹는다. 담소를 나누며 좋은 차와 와인도 함께 마신다. 장엇국, 호박죽 등을 만들어 나눠주면 행복하다. 다양한 취미 활동을 한다. 다도 교육도 하고, 차 행사, 찻자리 등을 한다. 매주 월요일에는 사진 공부 하러 산으로 들로 다닌다. 가끔 자유롭게 여행하고, 시조를 쓰고 시인들과 문학기행도 간다.

내 나이 64세, 나의 하루는 퍼팩트하다. 산티아고 순례길 완주를 꿈꾸며 매일 한 시간씩 운동장을 걷는다. 자유로운 세계여행을 꿈꾸며 매일 아침 30분씩 줌으로 영어 공부를 한다. 행복한 일상을 위해 매일 90분씩 명상 수련도 한다.

아이들은 각자의 자리에서 자기 몫을 다하고 있다. 재롱부리는 예쁘고 똘망한 손녀도 있다. 퇴직연금과 월세가 있어 경제적으로 자유롭다. 새로운 여행을 통해 설렘 가득하다. 차를 통해 나눔의 기쁨을 느낀다. 단식을 통해 주위 사람들에게 디톡스의 중요성을 알려준다. 내가 꿈꾸던 삶을 살고 있다.

값비싼 명품으로 치장하지 않아도 충분히 행복하다. 나는 명품이 필요 없어! 내 삶이 명품이야.

10

봉사하는 삶을 꿈꾼다

조희숙

　인생은 육십부터라는 말이 나는 할아버지 할머니가 하는 말인 줄 알았다. 이 나이가 되니 정신이 번쩍 든다. 세월이 정말 눈 깜짝할 사이에 나를 여기까지 데려다 놓았다. 젊은 시절에 선택했던 내 일을 잘 해내고 싶었다. 지난 시간을 돌이켜보면 실수도 많았고, 후회도 있다. 치열한 전쟁터 같았다. 30년 넘는 동안 내 자리를 굳건히 지켜 올 수 있었던 것은 나를 응원해 주고 믿어 주는 가족들과 동료들이 있었기 때문이다.

　나는 주로 백화점 안에서 여성 브랜드를 전문으로 판매하는 일을 해왔다. 지금은 이태리 수입브랜드의 여성복과 남성복을 같이 취급하고 있다. 판매를 한다는 생각보다 경영을 하고 사업하는 마음으로 걸어온 시간이다. 최신 유행의 옷을 만나고 소개하는 일이 좋았다. 본사에서 진행하는 품평회를 위해 한 달에 한 번 서울을 다녔다. 전국 매장의 매니저들이 모두 모인다. 디자이너들과 함께 다음 시즌에 선보일 옷을 고르기 위해서다. 적게는 300점에서 500점까지 품평한다. 옷, 신발, 모자, 액세서리 등 몸에 걸치는 모든 것을 함께 본다. 옷을 입고 나온 모델의 모습을 보고 의견을 낸다. 일선에서 고객을 직접 만나는 매니저들이 보는 눈은 매섭다. 디자인, 기장, 스타일 등 고객의 니즈를 반영해서 고른다.

모든 상품에는 번호가 매겨져 있다. 수백 점에 달하는 옷 중에서 우리의 고객들에게 잘 어울릴 만한 옷으로 좁혀 나간다. 몇 번에 걸쳐 골라낸다. 모델 없이 매니저들이 직접 수십개의 행거에 걸린 옷들을 차례로 입어 본다. 이런 과정들을 거쳐 선보이는 옷이기에 고객들에 늘 자신있게 상품을 보여주고 장점을 설명할 수 있었다. 하루 종일 본사에서 품평회를 하고 대구로 내려오면 거의 기절 상태로 하루를 마감했다. 다음날이면 어느새 충전이 되어 상품을 만나는 설레임으로 출근했다. 나의 일이었다.

좋아하는 일을 계속하기 위해 힘든 일도 해내야 했다. 지난해와 매출 비교를 하면서 더 나은 성과를 내야 하는 것은 늘 어려운 과제이다. 매번 최선이었는데 매달 더 많이 해야 하는 어려움이 늘 나를 긴장하게 한다. 목표 매출을 초과 달성하는 달도 못 하는 달도 있다. 원인을 파악해 가면서 하루하루 최선을 다한다.

좋은 브랜드들을 만나 매장을 운영해 왔다. 단골손님들이 나의 선택을 믿어 주었다. 오랫동안 나와 같은 매장에서 일해 온 직원들이 있다. 나를 믿어 준 브랜드 관계자도 빼놓을 수 없다. 모두 덕분에 여기까지 잘 왔다. 지금 내 모습을 돌이켜 보면 온통 감사한 일로 넘친다. 영화제 수상 소감을 말하는 것 같지만 솔직한 내 마음이다. IMF도 겪었고 코로나도 겪었다. 바빠서 몸이 힘든 것보다 더 무서운 건 손님 없이 조용한 매장이다. 내 매장을 찾아 주는 고객에 대한 감사한 마음을 늘 잊지 않으려고 노력했다. '이익보다 사람을 남겨야 한다.'는 문구가 내 작은 영업방식이 되었다. 이 일을 하는 날까지 소중하게 지켜야 할 나만의 약속이다.

매장을 잘 운영하면 브랜드 상설대리점을 할 수 있는 큰 혜택을 본사가 주던 시절이 있었다. 그 당시에는 인터넷도 온라인도 활성화 되지 않아 브랜드 상설 매장들이 큰 호황을 누렸다, 나에게도 그런 기회가 왔다. 새로 런칭한 브랜드를 하나 더 맡게 되었다. 경산에 매장을 오픈했다. 건축 일을 하는 남편에게 인테리어를 맡겼다. 인테리어 비용을 조금 아껴보려고 본사에 허락을 구했다. 브랜드 이미지에 맞게 고급스러운 인테리어를 해야 했다. 매 공정마다 본사의 승인을 받아야 했다. 까다로운 자재 선정 때문에 결국 본사가 지정한 곳에서 다시 공사를 하게 되었다.

남편이 나의 일을 돕느라 많은 고생을 했다. 모아둔 돈들도 이곳저곳 매장보증금과 권리금 인테리어 비용으로 많이 나갔다. 부동산 담보도 몇 개나 필요해서 시댁과 친정에 도움을 청했다. 그 이후에 두 개 매장을 더 맡아 네 개까지 운영한 적이 있었다.

내가 없어도 매장이 잘 돌아가게 하고 내 시간도 더 가지고 싶었다. 친정엄마는 매장을 자꾸 늘리는 나를 걱정했다. 천석꾼은 천가지 걱정 만석꾼은 만 가지 걱정이 있다고 했다. 내가 없이 여러

개의 매장을 관리하는 것이 어렵다는 것을 큰 대가를 치르고 깨닫
게 되었다. 다시 백화점으로 돌아왔다.

인생은 늘 마음대로 되지 않았다. 인생은 늙어가는 것이 아니라
익어간다는 노래 가사를 좋아한다. 여러 실패와 성공의 경험들이
모여 지금의 내가 되었다. 어떤 직업이라도 힘들지 않고 쉬울 수도
없다. 행복해서 웃는 날도 억울하고 속상할 때도 있었지만. 문제들
은 참고 인내하며 해결했다.

2021년 원광디지털대학교 얼굴경영학과에 입학했다. 나는 공부에
늘 목마름이 있었다. 4학년이 되었다. 남편도 동양학과에 입학해 공
부하고 있다. 우린 늦깎이 대학생 부부이다. 젊었을 때는 육아와
일, 지금은 공부와 일로 바쁜 하루를 살아간다. 해야 할 일이 많아
서 들어야 할 강의도 자주 밀린다. 시험 기간이 되면 밤잠 못 자고
숨이 턱 막힐 만큼 힘들게 공부한다. 잘 모르면 두 번이고 세 번이
고 반복한다. 천천히 내 속도대로 이해하고 배우며 채워 가고 있다.

사회 후배들에게도 추천해서 함께 공부하고 있다. 내가 해보고
좋으니 같이 하자 했다. 나를 위해서도 함께하는 이들을 위해서도
열심히 도와가며 하고 있다. 배움으로 채워나갈 앞으로의 내 인생
은 멋질 것 같다. 학교를 오니 나에게 훌륭한 교수님들도 만나게
되고 선배님 후배도 생겼다.

작년 10월에는 남편이랑 익산으로 학교 운동회를 다녀왔다. 가
는 차 안에서 우린 같이 공부를 시작한 서로를 칭찬하고 응원했

다. 아직은 일을 하다 보니 남들보다 시간이 좀 더 걸리는 공부가 되겠지만 끝까지 최선을 다하자고 했다.

봄에 태어난 나는 사계절 중 봄을 제일 좋다. 매해 광양 매화 축제에 간다. 매화는 나의 생일 때쯤에 항상 핀다. 매년 동행이 다르다. 남편이랑, 인생 선배들이랑, 후배들이랑, 친구들이랑, 때로는 모임에서 간다. 나에게는 연례행사가 되었다. 올해도 매화를 좋아하는 예쁜 후배랑 다녀왔다. 내년에도 옆에 가는 그 사람이 누가 될지는 모르겠다. 그 순간을 소중히 기억할 수 있는 예쁜 사람과 다녀와야겠다.

여행하면서 정원희 교수를 알게 되었다. 몇 년에 한 번씩 여행을 같이 가는 친구가 되었다. 하이난, 이탈리아, 두바이, 몰타, 싱가포르 크루즈 등 여러 곳을 함께 했다. 여행은 늘 따뜻했고 배움이 있고 풍요로웠다. 그녀와 함께 더 많은 여행을 하고 싶지만 아직은 시간이 넉넉하지는 않다. 지금 하는 일을 마무리하게 되면 전 세계를 다녀야겠다.

내가 하는 일에서, 함께하는 여행에서, 학교에서의 배움이 나를 성장시킨다. 재미있고 가슴이 벅차다. 내가 배우고 익힌 공부와, 경험이 누군가에게 힘이 되고 위로와 희망을 줄 수 있는 일이 될 거라고 생각한다. 시 낭송도 배우기 시작했다. 여기까지 온 나 자신에게 수고했다고 칭찬과 위로의 말도 건넨다. 은퇴 후 많은 사람을 도우며 살 수 있으면 좋겠다. 내가 꿈꾸는 나의 노후이다.

마치는 글

☆ ☆ ☆

구영애

나는 운이 좋다. 일 년에 책 한 권도 제대로 안 읽던 나를 작가 님이라고 부른다. 60세가 훌쩍 넘은 초보 작가님들과 인생에 대한 함께 글을 썼다. 책 읽기와 글쓰기는 나에게 두 번째 기회를 만들 어 주었다. 계획하고 있던 시니어를 위한 프로그램도 글을 읽고 쓰 면서 조금씩 윤곽을 잡을 수 있었다. 소소한 일상이 모두 나의 글 감이 되기 시작했다. 내가 보내온 모든 시간에서 배우고 느낀 것을 글로 쓰면 다른 사람을 도울 수 있다고 했다. 글쓰기는 내가 행복 할 수밖에 없는 이유가 돼버렸다.

권경희

　초고와 퇴고가 뭔지도 몰랐다. 좌충우돌하면서 여기까지 왔다. 퇴근 후 컴퓨터를 켰다. 지우고 쓰고 읽어본다. 부끄러워 내놓을 수 있을까? 엄마와 딸아이 꼭지를 쓰면서 이틀이나 몸살을 했다. 쏟아 놓으니 편해졌다. 일하는 엄마로 아내로 살다 보니 시간 여유가 없고 바쁘기만 했다. 글을 마무리하면서 조급함을 잠시 내려놓는다. 글쓰기는 바쁜 나에게 충분한 쉼을 선물한다. 읽고 쓰는 삶의 의미와 가치를 생각한다. 오늘도 일기장을 펼치며 마무리한다.

김경랑

　21살, 짝사랑하던 그를 떠나보내며 "먼 훗날 내 책이 나오면 한 권 사줄 거지?" 물었다.
　50이 훌쩍 지나 그때를 기억하며 글을 써나갔다. 14살의 나를 만났고 나란히 걷던 젊은 엄마도 만났다. 하늘나라에 있는 사람들도 한명 한명 만났다. 참 많은 사람을 떠나보냈다는 것을 알았다. 쓰지 않았다면 잊고 살았을 사람들이고 일들이다. 나의 글은 어설프고 앞으로도 멋져질 가능성은 희박하지만 쓰기가 주는 포만감은 놓지 않을 것 같다.

김수하

　내가 이렇게나 글을 못 쓰는 줄 미처 몰랐다. 한 줄의 문장을 쓰기 위해 가혹한 시간을 견디어야 함을 알게 됐다. 글을 쓴다는 건, 속옷 바람으로 혹은 그 이상을 낯선 사람들 앞에서 내보여야 하는 일인 것도 알게 됐다. 은둔자적 삶을 따르려는 내게는 무척 두려운 일이다. 안으로 꽁꽁 걸어 두었던 빗장을 정녕 풀어야만 했다. 어느 틈엔가 대문은 활짝 열어젖혀 놓았으니 이제 도망갈 데도 없군. 꼼짝없이 붙들려 글 쓰는 삶을 살아야겠다. 거슬러 생각해 보면 짐짓 그토록 바라던 일 아닌가.

문인숙

　몇 번을 쓰고 지우고를 반복하며 이제 마지막 작업을 마친다. 웃고 울며 그때의 나를 만나는 행복한 시간이었다. 엄마의 아이로 고집부리고 까불거리던 내 모습과 오토바이 뒷자리에 연인의 모습으로 허리를 감고 있던 나와 어린아이와 함께 구겨진 셔츠 차림도 좋았던 깔깔대던 젊은 엄마까지. 이젠 오롯이 나로 우뚝 서야 하는 시간이다. 함께 해주신 여러 작가님! 행복했고 감사했습니다. 늘 새로운 세상으로 이끌어 주는 정원희 교수님 감사합니다.

박미경

　평소에도 메모하는 습관이 있었다. 하지만 그 메모는 누군가에게 평가받지는 않는다. 말하듯 쓰면 된다지만 그냥 쓰는 건 아니다. 주제도 있고, 형식도 있고, 심지어 책을 읽는 사람에게 도움까지 되어야 한다. 초보운전 봐주듯이 초보 작가의 글도 너그러이 읽어 주면 좋겠다. 이번 책 주제는 '나의 일대기' 딸로, 아내로, 엄마로, 나로. 나도 나를 한번 돌이켜 보는 좋은 기회가 되었다. 인생에는 리허설이 없다. 지금까지 잘하고 왔다. 모든 일에 최선을 다하며 살았다. 오늘도 열심히. 파이팅!!

복기령

　어느 날 정원희 작가로부터 작은 글쓰기 메모 수첩을 받은 적이 있다. 언젠가 나도 글을 쓰면 좋겠다는 생각을 하기도 했지만 이번 공저에 참여하게 될 줄은 몰랐다. 막상 글을 쓰려니 두려운 생각에 선뜻 용기가 나질 않았다. 하지만 두려움을 이겨내는 것이 성장의 시작이라는 생각에 용기를 냈다. 공저를 통해 나를 되돌아보게 되었고 한 단계 성장하는 계기가 되었다. 끝까지 포기하지 않게 용기를 준 정원희 작가님과 함께 한 공저 작가님들께 감사한 마음을 전한다.

신혜숙

　설렘 반, 두려움 반으로 글쓰기를 시작했다. 그러나 이제 글쓰기를 통해 얻은 자신감으로 일상을 즐겁게 생활한다. 정원희 작가와의 인연으로 내 삶이 많이 바뀌었다. 귀한 인연이다. 내성적이고 자존감이 부족했던 나는 뭐든지 할 수 있다는 용기가 생겼다. 혼자만의 시간도 즐긴다. 글을 쓰면서 애썼다고 나를 보듬어 주는 시간이 되었고 책 읽는 시간을 즐기게 되었다. 책 속에 다양한 세상들을 경험한다. 아직은 걸음마 수준이지만 앞으로 글 쓰는 시니어 작가 모습이 기대된다. 나, 초보 작가가 되었다.

정도영

　모노드라마처럼 독백으로 담아내고 싶었다. 속을 다 내보이고 보니 어설프고 부끄럽다. 굴곡 없는 삶은 없겠지만 '내 삶도 한 편의 소설 같다'는 생각이 든다. 아프고 힘들었던 이야기가 앞섰다. 슬픔과 아픔을 모두 토하고 나니 샘물이 솟아나듯 새로운 도전 의식이 생긴다. 인생은 새옹지마, 운명은 마음먹기에 달렸다고 본다. 인생 2막, 누군가에게 도전하는 용기를 줄 수 있는 글을 쓰며 자유롭고 멋지게 살아갈 것이다.

조희숙

 엄두도 나지 않았던 나에게 용기를 내게 했고 방향성을 제시한 정원희 교수님께 먼저 감사드린다. 쓰고 지우기를 반복하면서 부족하고 부끄러운 나의 이야기를 쓰게 되었다. 첫걸음마를 배우는 아이처럼 겨우 한발 발자국을 뗐다. 엄마 생각에 눈물이 자꾸 나 희뿌옇게 된 컴퓨터 앞에 앉아 손등으로 쓰윽 몇 번이나 닦아내곤 했다. 새벽에 글을 쓰면서 잠든 가족들을 들여다보며 뭉클한 날도 있었다. 앞으로도 소중한 나의 삶을 사랑하면서 지혜롭게 살아갈 것이다.